U0944395

关系质量对我国制造企业物流外包绩效的影响机制研究

沙 颖 著

本书由吉林财经大学资助出版

科 学 出 版 社

北 京

内 容 简 介

本书以企业网络理论中的关系嵌入性作为新的研究视角，以我国制造企业为研究案例，在物流外包情境下从客户企业的角度出发，聚集 B to B 研究领域，采用不同构成要素的分析方法对关系质量进行测量，并基于行为与绩效的因果关系，构建“关系质量—关系行为—物流外包绩效”的理论模型，深入分析关系质量影响物流外包绩效的行为传导机制，打开其间的过程“黑箱”。

本书可供管理学硕士、博士研究生阅读，也可供企业管理人员理论学习。

图书在版编目(CIP)数据

关系质量对我国制造企业物流外包绩效的影响机制研究/沙颖著. —北京：科学出版社，2019.10

ISBN 978-7-03-062378-2

Ⅰ. ①关… Ⅱ. ①沙… Ⅲ. ①物流管理-质量管理-影响-制造工业-工业企业-企业绩效-研究-中国 Ⅳ. ①F426.4

中国版本图书馆 CIP 数据核字（2019）第 208704 号

责任编辑：任锋娟 王 琳 / 责任校对：王万红
责任印制：吕春珉 / 封面设计：东方人华平面设计部

科学出版社 出版
北京东黄城根北街 16 号
邮政编码：100717
http://www.sciencep.com

北京虎彩文化传播有限公司 印刷

科学出版社发行 各地新华书店经销

*

2019 年 10 月第 一 版 开本：B5（720×1000）
2019 年 10 月第一次印刷 印张：10
字数：202 000

定价：70.00 元

（如有印装质量问题，我社负责调换〈虎彩〉）
销售部电话 010-62136230 编辑部电话 010-62135741（BF02）

前　言

随着全球竞争的日益加剧和客户期望的逐步提高，制造企业迫于降低成本、改善服务和提高绩效等多重压力，纷纷选择将非核心的物流业务外包出去。物流外包已经成为制造企业增强核心竞争力的重要战略手段。然而，在实践过程中物流外包举步维艰，典型表现为制造企业与物流服务提供商合作层次低，关系不紧密，两业联动的推进不尽如人意。很多制造企业并没有通过物流外包获得预期的绩效，甚至出现中断进而失败的现象。体制制约、观念陈旧、技术落后，这些都有可能是阻碍制造企业物流外包发展的重要因素，不过其中有一种微妙的治理机制不容忽视，即关系质量。在中国文化主导下，关系及其作用被认为是企业从事商业活动的一个基础性变量。那么，在中国情境下，制造企业应与物流服务提供商建立和维持什么样的关系？关系质量的不同对于制造企业的预期绩效有何影响呢？进一步地，这种影响的传导机制是怎样的？如果能够对这些问题做出解答，不仅有利于我国制造企业更好地进行物流外包实践，还对物流服务提供商的战略决策具有重要的参考价值和指导意义。

在此背景下，本书以企业网络理论中的关系嵌入性作为新的研究视角，严格遵循科学研究的基本逻辑，按照“提出问题—分析问题—解决问题”的研究思路，构建本书研究框架。本书着重探讨物流外包情境下关系质量的构念模型，以及这种组织间关系质量对物流外包绩效的影响及其作用机制问题，主要研究内容如下。

1）物流外包关系质量的六维度模型研究。本书通过广泛系统地梳理国内外与关系质量相关的研究，对比分析以往学者对关系质量关键维度的研究，从不同研究领域、不同研究视角、不同构成要素 3 个方面综合分析关系质量的关键维度。按照各维度在相关研究中出现的频率进行分类，构建物流外包情境下关系质量的六维度结构模型并进行实证检验，将其作为本书后续研究的模型参考。

2）关系质量对物流外包绩效影响机制的理论模型构建。基于行为与绩效的因果关系，本书提出物流外包双方在合作过程中表现出的互动行为会影响物流外包绩效结果的研究假设，因此在“关系质量—物流外包绩效”这一简单双变量的研究模型中引入关系行为，作为关系质量与物流外包绩效之间影响机制研究的中介变量，构建“关系质量—关系行为—物流外包绩效”的整合模型，系统分析关系质量与物流外包绩效之间两种机制的作用，即直接影响机制和基于中介变量的间接影响机制。

3）关系质量对物流外包绩效影响机制的实证研究。作者通过对我国制造企业中从事物流相关工作，或者熟悉、了解本企业物流外包业务的中高层管理人员进行深度访谈，对上述理论模型和测度指标进行初步验证和修改。然后通过大规模问卷调查得到大样本数据，利用 SPSS 和 AMOS 统计分析软件，对理论模型进行实证检验，最终揭示关系质量影响物流外包绩效的行为传导机制。

4）我国制造企业物流外包实践的管理启示。结合现阶段我国制造企业物流外包实践面临的困难和问题，进一步提炼本书研究成果中蕴含的管理启示和实践价值，分别从客户企业、物流服务提供商及双方 3 个层面提出相关建议，以期为我国制造企业与物流服务提供商之间的关系发展及双方形成高层次战略联盟提供决策参考依据。

本书特色是研究视角较为新颖，研究逻辑较为清晰，系统地构建研究框架，分析论证力求严谨全面，具有一定的说服力；注重理论与实践的有机结合，从实践中发现问题，从理论层面分析与解决问题，使研究结果更具实用性。

作者在写作过程中，参考、借鉴和吸收了国内外众多专家学者的研究成果和实践案例资料，并已尽可能详尽地在参考文献中列出，在此对这些专家学者致以最真诚的谢意！

由于作者水平和经验有限，书中不足之处在所难免，敬请广大读者提出批评意见。

作　者

2019 年 5 月

目　录

第1章 绪 论

1.1 研究背景

随着市场竞争的日趋激烈和客户需求的不断提高，物流外包作为提高物资流通速度、节省物流费用、提升客户服务水平的有效手段，在市场经济进程中已经成为制造企业发展的自然需求，是企业提高自身核心竞争力的必要战略手段之一。中国物流与采购联合会的调查结果显示，我国制造企业物流外包的比例正在不断提高，对跨国制造企业和国内民营制造企业来说，物流外包更是成为常态。从实施效果来看，物流外包也确实给供需双方带来了降低成本和提高效率等积极影响。物流业与制造业联动更是国家和业界力推的事情，2009 年我国明确将“制造业与物流业联动发展工程”列入《物流业调整和振兴规划》九大重点工程之一。2010 年，国家现代物流工作部际联席会议办公室印发的《关于促进制造业与物流业联动发展的意见》，对于鼓励制造企业整合优化业务流程，开展物流业务外包，促进两业联动发展提出了建设性意见。

近年来，国家不断加大对发展现代物流业的政策性支持力度，加快形成符合我国现代物流发展需要的公平开放、规范有序的现代物流市场体系。2011 年 6 月，物流业“国八条”的出台是继《物流业调整和振兴规划》之后，为推动物流业健康发展推出的 8 项配套措施。国务院办公厅《关于促进物流业健康发展政策措施的意见》（国办发〔2011〕38 号）的出台又对其进一步强化，被业界称为物流业的“国九条”，其中提出“支持物流企业加强与制造企业合作，全面参与制造企业的供应链管理”，同时“制造企业剥离物流资产和业务，可根据《财政部 国家税务总局关于企业重组业务企业所得税处理若干问题的通知》（财税〔2009〕59 号）、《财政部 国家税务总局关于企业改制重组若干契税政策的通知》（财税〔2008〕175 号）和《财政部关于企业重组有关职工安置费用财务管理问题的通知》（财企〔2009〕117 号）等文件规定，享受税收、资产处置、人员安置等相关扶持政策”。2012 年 8 月，国务院印发《关于深化流通体制改革加快流通产业发展的意见》（国发〔2012〕39 号），其中提出应“大力发展第三方物流，促进企业内部物流社会化”，次年出台的《深化流通体制改革加快流通产业发展重点部门分工方案》对流通产业发展具体任务进行分工细化，进一步推进了文件的贯彻落实。《物流业发展中长期规划（2014—2020年）》（以下简称《规划》）将提升物流企业规模化、集约化水平作为发展重点，“鼓励物流企业与制造企业深化战略合作，建立与新型工业化发展相适应的制造业物流服务体系”。根据《规划》要求，国家发展和改革委员会结合“中国制造2025”战略部署，发布《物流业降本增效专项行动方案（2016—2018年）》，指出：“鼓励物流企业面向制造业转型升级需求，拓展提升综合服务能力，为生产企业提供采购物流、入厂物流、交付物流、回收物流等精细物流服务，重塑业务流程，建立面向企业用户的一体化智慧供应链管理服务体系，推动物流业与制造业协调发展，进一步降低产业物流成本。”2017年8月，国务院办公厅发布《关于进一步推进物流降本增效促进实体经济发展的意见》（国办发〔2017〕73号），再次聚焦物流降本增效，研究制定推进物流业与制造业融合发展的政策措施，鼓励大型生产制造企业将自营物流面向社会提供公共物流服务，这充分反映了物流业在国民经济转型升级中的重要作用。

然而，在我国实施物流外包的制造企业中，未通过物流外包获得预期绩效的比例不低，甚至有部分传统制造类企业主动放弃物流外包业务，开始自建物流。究其原因，主要有：供需双方沟通不畅，信息反馈滞后；物流服务提供商信息技术水平落后，无法对物流活动进行有效跟踪和监控；缺乏标准化运作流程，服务水平参差不齐；服务功能单一；缺乏持续改进机制等。体制制约、观念陈旧、技术落后等因素固然会阻碍制造企业物流外包的发展进程，但也应注意到，物流外包的复杂性及其对企业不同业务流程的影响，凸显了物流服务提供商与制造企业进行组织间协作的需求。事实上，制造企业依赖物流服务提供商提高其竞争地位的意愿越来越受到物流外包关系的影响。作为企业重要的资产之一，关系质量已经受到理论界与实践界的普遍重视。随着我国经济的不断发展和市场竞争的日益激烈，企业间的合作也必然会日渐增多，如何提高企业间合作的关系质量对于提升我国企业的竞争能力和绩效至关重要。

通过对国内外相关研究的持续跟踪可以发现，已有关系质量方面的研究成果大多基于发达国家或其他发展中国家文化背景，基于中国情境的研究相对较少，特别是涉及物流外包双方关系管理方面的研究，还很不充分。在中国文化的主导下，关系及其作用被认为是企业从事商业活动的一个基础性变量。中国经济的高速增长、独特的文化特征和转型经济的背景都会影响中国制造企业的管理理念和管理模式，在其他国家情境下得出的结论可能不完全适用于我国。因此，在中国情境下研究关系质量对制造企业物流外包绩效的影响及其传导机制具有重要的理论价值和现实意义。

1.2 研究意义

1.2.1 理论意义

长期以来，物流外包领域的研究主要基于以 Coase（1937）和 Williamson（1975）等为代表的交易费用理论及以 Barney（1991）等为代表的资源基础理论。交易费用理论主要从经济（费用）的角度研究物流外包的机理，很少考虑企业在交易中与合作伙伴之间的关系的默契程度、彼此间的信任度及其对交易质量的影响，这样可能会导致外包决策的不切实际性。而资源基础理论则从战略的角度出发认为，企业实施物流外包是为了获得对自身生存与发展至关重要的内部有所欠缺的物流资源，以获得或维持企业的竞争优势。它强调企业应该更多地关注自身的资源，较少考虑企业与外部组织之间的联系。随着企业物流外包合作模式的变化，基于供应链的战略联盟大量涌现，一体化的供应链解决方案也开始出现，这种发展趋势已经无法通过交易费用理论和资源基础理论做出单独解释，企业网络理论开始被学者广泛运用。

企业网络是企业间相互联结和合作的制度化的关系网络。就其表现形式而言，企业网络包括战略联盟、合资企业、虚拟企业、业务外包、特许经营、供应链、联合研发伙伴关系及技术交换等。企业网络理论提出，企业的竞争优势或绩效不仅可以通过内部资源获取，还可以通过企业嵌入的外部各种关系网络取得。学者们从不同的研究视角去观察和审视企业网络，形成了众多的研究切入点与研究视角，如嵌入性视角、社会资本视角、资源观视角等。网络嵌入性是企业网络理论的核心概念之一，对网络嵌入性最初始、最传统、最主流的分类，是将其分为关系嵌入性（relational embeddedness）与结构嵌入性（structural embeddedness）。其中，关系嵌入性也称网络联结观，主要研究的是关系要素，即网络参与者间相互联系的二元交易关系问题，强调直接联结作为交换优质信息的机制所起的作用；结构嵌入性也称网络位置观，则是互动双方各自成为更大结构中的一部分，主要从关系联结在整个网络中的位置、规模及密度等方面来测度，主要研究的是网络参与者间相互联系的多维总体性结构问题。作为企业网络理论的重要概念之一，关系嵌入性是理解网络关系对经济行为影响的重要着手点。关系嵌入性最早由 Granovetter（1973）提出，他将行动者在个人关系之中的嵌入称为关系性嵌入。关系嵌入性理论研究的是二元交易关系问题，在这种关系中，交易双方之间基于预期的利益而发生相互联系，对其测度主要采用关系的内容、方向、延续性和强度等指标，关系的内容则主要体现在信任、信息共享与共同解决问题 3 个方面。

关系嵌入性的内涵充分体现了物流外包双方基于相互信任的合作伙伴关系，关系质量制约并影响企业对知识和信息的获取和利用，以及外包双方的合作行为，这种影响最终会体现在企业绩效上。因此，本书以企业网络理论中的关系嵌入性作为新的研究视角，对现有物流外包领域的研究成果加以拓展和补充，分析关系质量对物流外包绩效的影响，深入考察这种影响的作用机制问题，并在中国情境下对这种影响机制进行实证检验。

就目前作者搜索的研究成果来看，学者大多倾向于研究关系质量对绩效的直接影响，他们对关系质量的前因变量给予了较多的关注，探讨这些因素如何以关系质量为中介，进而影响企业绩效，却忽略了关系质量对绩效的影响机制问题。虽然国内外部分学者也在不断尝试将中介变量引入“关系质量—绩效”理论框架的研究中，但在物流外包情境下的中介变量是什么却少有学者关注。从实践和因果关系的角度来看，是行为影响了绩效。因此，本书认为制造企业与物流服务提供商在合作过程中表现出的互动行为很可能影响了物流外包的绩效结果，而且在诸多西方营销渠道关系研究中，关系质量各维度对关系行为的影响路径也已经得到检验。那么，在物流外包情境下，关系行为是否在关系质量对物流外包绩效的影响中起中介作用呢？这个问题需要实质性地深入研究和验证。

本书在前人研究的基础上，以我国制造企业为研究案例，站在客户的视角，探讨制造企业与物流服务提供商之间的关系质量如何影响双方在物流外包过程中的互动行为，进而对制造企业的物流外包绩效产生怎样的影响。本书的研究将进一步丰富和深化“关系质量—绩效”理论模型的研究，也是对物流外包领域相关研究的重要拓展与补充。通过在模型中添加关系行为作为中介变量，这一整合模型能够更加科学合理地解释关系质量与物流外包绩效之间的影响机制，打开关系质量作用于物流外包绩效的过程“黑箱”，从而增强研究结论的说服力和可信性。

1.2.2 实践意义

尽管当前中国制造企业物流外包业务获得了蓬勃的发展，但物流行业尚处于早期的粗放式增长阶段，物流服务提供商主动创新的意识较差，与制造企业深入合作的局面尚未形成。市场竞争的加剧促使制造企业更加重视供应链整合，链上的商流和物流需要借助物流服务提供商的有效衔接来完成。这将导致物流外包逐步向供应链上下游扩展，各参与方需要达成更为密切的配合。因此，无论是从物流行业提升服务创新意识，获得进一步的纵深化发展，还是从制造企业有效提升成本、资源转化优势上来看，制造企业与物流服务提供商之间的关系质量，都是促进企业间深入合作的重要前提与基础。本书试图通过分析关系质量对制造企业物流外包绩效的影响及其作用机制，展开相应的实证研究，为双方的企业决策者提供开展深入沟通与合作，形成高层次战略联盟的决策参考依据，并为今后双方关系的发展提供指导与建议。

1.3 研究目的与研究内容

1.3.1 研究目的

大量的实证研究表明，物流外包与企业绩效之间存在正向、负向或无关等多种复杂的关联。由于学者研究的情境、选取的行业和研究方法的不同，物流外包是否能给企业带来更好的绩效，这个问题仍然存在很大的争议。一般而言，研究结论存在差异的原因很可能是受到了其他因素的干扰。分析发现，现有研究大多从物流外包活动的主要类型着手，研究这些外包的物流活动或活动的集合体对企业绩效的影响，往往忽略了物流外包过程中的关系管理问题。关系质量的重要性尽管已经开始被了解，但在物流外包情境下这个问题还没有得到深入研究。

显然，物流外包过程中的关系管理在中国是一个不容忽视的重要问题，这种关系对物流外包绩效会带来何种影响，这种影响的作用机制是什么？国外的研究结论不能做出完全正确的回答，我们需要利用中国的实际数据进行分析和验证。本书的研究目的主要有3点。

第一，通过对相关研究进行梳理，以企业网络理论中的关系嵌入性作为新的研究视角，提出物流外包情境下关系质量的构念模型，并进行实证检验。

第二，将关系行为作为中介变量引入研究框架，构建“关系质量—关系行为—物流外包绩效”的理论模型，并以我国制造企业为研究案例进行实证检验，识别关系质量对物流外包绩效是否有影响、这种影响的作用机制是什么样的、关系质量的哪些维度对物流外包绩效有影响、关系行为在这个过程中的传导机制如何等。

第三，通过对实证结果进行讨论，揭示分析结果带来的启示及反映出的我国制造企业与物流服务提供商在外包合作过程中面临的一些关系管理问题，并提出相应的建议。一方面，激励我国制造企业更好地开展物流外包实践，并正确判断物流服务提供商提供的预期绩效；另一方面，促进物流服务提供商更好地管理客户关系与客户期望，通过协同合作实现互利共赢。

1.3.2 研究内容

全书共6章，具体内容安排如图1.1所示。

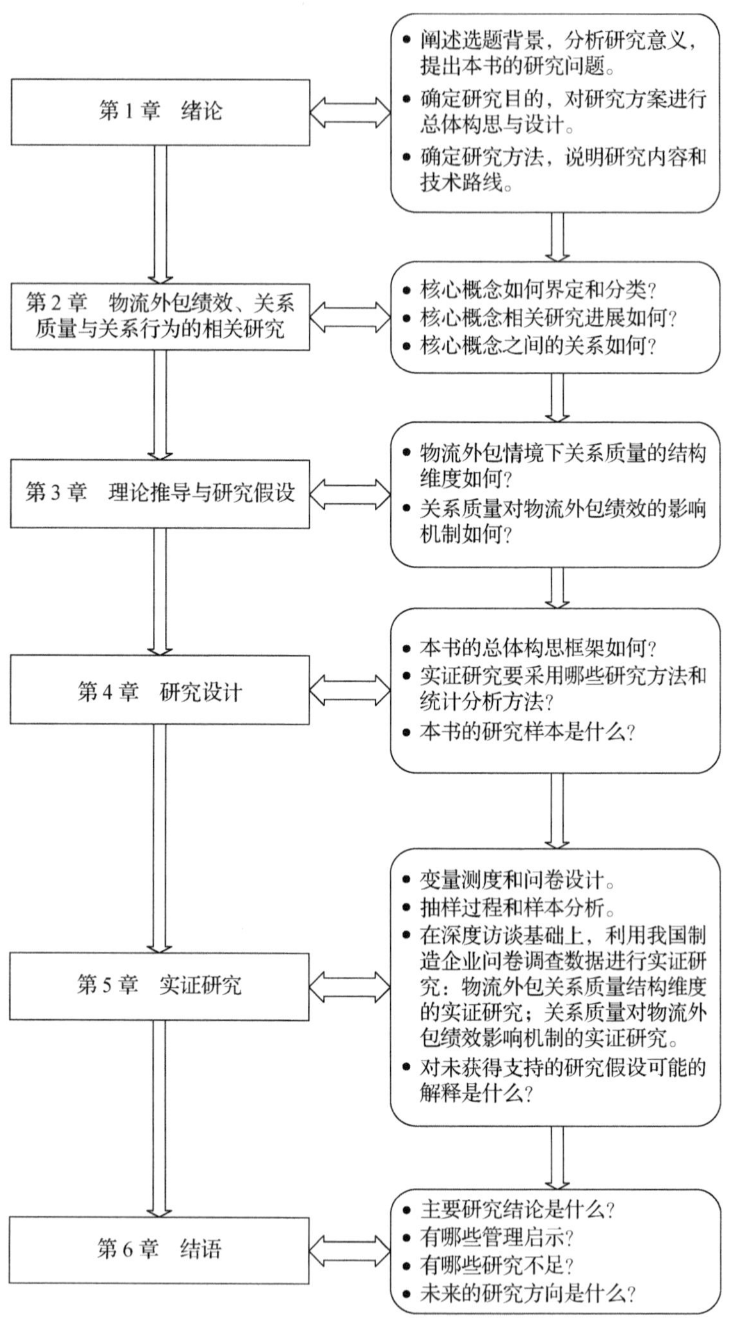

图 1.1 本书主要内容安排

1.4 研究方法

为了获得较好的研究效果，本书严格遵循理论研究和实证研究相结合、定性研究和定量研究互为补充的研究思路，在研究过程中综合采用多种研究方法，具体体现在以下几个方面。

1. 理论分析与实证研究的结合

本书结合文献阅读和实际调查，分析物流外包情境下关系质量的内涵，解释物流外包关系质量的现状和存在的问题，以及物流外包失败的原因等。基本思路是通过实际调查发现问题，从理论上分析，用理论指导实践，以实践丰富理论。

2. 深度访谈和问卷调查的结合

选择若干制造企业作为访谈对象，归纳并初步验证本书所涉及变量之间的规律，为后续的实证研究提供必要的支持；通过大规模问卷调研，利用所得的大样本数据完成总体分析报告。

3. 定性研究和定量研究的结合

在文献阅读、分析归纳的基础上，构建研究的理论模型，提出相应的研究假设。通过选取若干企业进行深度访谈对模型进行初步检验，然后通过问卷调研收集企业的大量数据，运用 SPSS、AMOS 等统计分析软件进行描述性统计，信度、效度检验，探索性因子分析和验证性因子分析，结构方程建模等，对问卷调查数据进行处理分析，对研究假设进行验证。

4. 系统分析

对理论分析、实证检验和统计分析的结论进行总结梳理，形成逻辑性与结构性并重的最终研究结论。

1.5 技术路线

本书的技术路线如图 1.2 所示。首先以我国制造企业物流外包实践的现实背景和相关理论为基础，通过查阅大量文献，了解和熟悉国内外有关关系质量、关系行为、物流外包绩效及三者之间关系等方面的最新研究成果。在此基础上，提出了物流外包情境下关系质量的构念模型，以及关系质量对物流外包绩效影响机制的理论模型和研究假设；对理论模型进行量化，形成问卷初稿；通过深度访谈，对理论模型与测量题项进行初步验证和修订，形成问卷终稿；确定正式调查样本，进行大样本数据收集及问卷调查；通过对问卷调查数据进行统计分析，验证理论模型和研究假设；对假设检验结果进行讨论，最终得出研究结论。

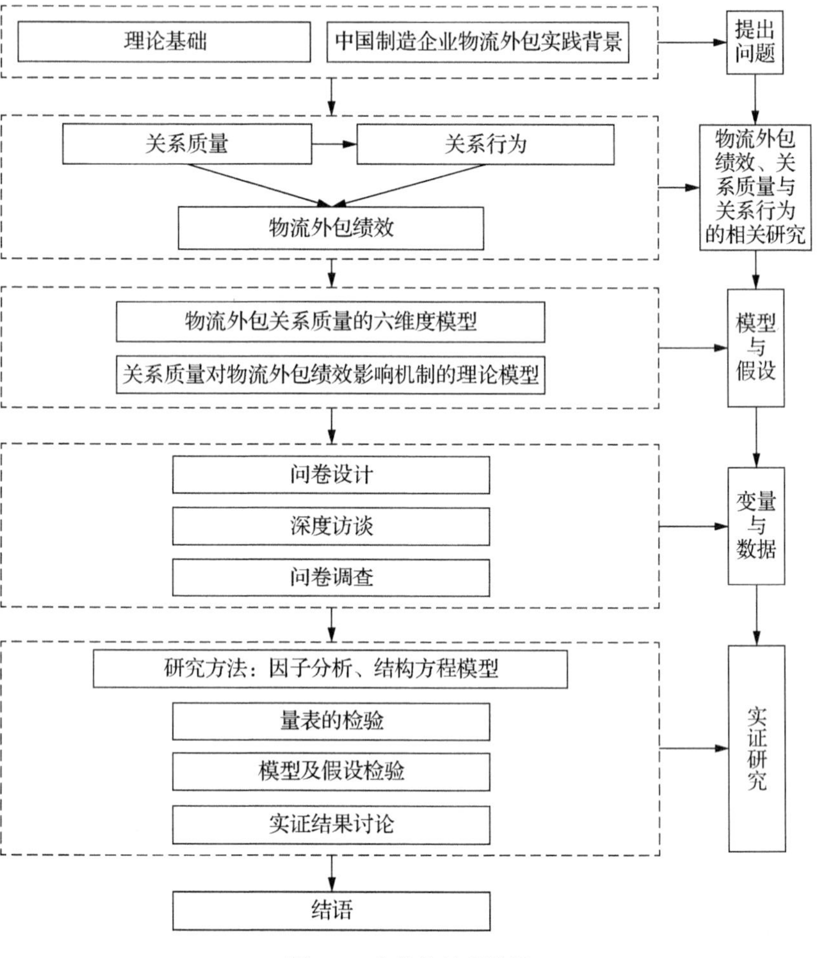

图 1.2　本书的技术路线

围绕本书的研究命题，根据管理科学的一般研究思路，本书的技术路线沿着“提出问题—相关研究综述—理论模型构建—问卷设计、数据收集—实证分析—结论建议”的思路展开，研究逻辑清晰，实证研究所需数据可以获得，因此技术路线是可行的。

1.6 主要创新点

本书创新点如下。

1）在理论层面上，探索性地以企业网络理论中的关系嵌入性作为新的研究视角，提出并验证物流外包情境下关系质量的六维度模型。关系质量的结构维度并不存在具有普适性的一般模型，具体维度的选择应根据涉及的研究情境来决定。本书在物流外包情境下从客户企业的视角出发，聚集 B to B（business to business，B to B）研究领域，采用不同构成要素的分析方法对关系质量进行测量，提出物流外包情境下由信任、承诺、依赖、专用性投资、感知的机会主义行为和创新 6 个构念组成的关系质量六维度模型，并研究每个维度各自影响物流外包绩效的途径和机制，从而弥补既有研究中少有将物流外包情境下的关系质量作为一个整体概念加以研究的欠缺。

2）从行为与绩效的因果关系角度，构建"关系质量—关系行为—物流外包绩效"的整合模型，综合两种研究视角，系统考虑关系质量与物流外包绩效之间两种机制的作用，即直接影响机制和基于中介变量的间接影响机制，深入分析关系质量影响物流外包绩效的行为传导路径，打开其间的过程"黑箱"。研究结论揭示出合作和信息共享行为在关系质量与物流外包绩效间的中介作用，从而弥补现有研究对物流外包情境下关系质量的绩效作用机制研究的不足。

小　　结

本章介绍了本书研究的背景及意义，明确了研究目的，阐述了本书的研究内容、研究方法、技术路线及主要创新点。

第2章 物流外包绩效、关系质量与关系行为的相关研究

2.1 物流外包绩效的相关研究

2.1.1 物流外包

1. 物流外包的定义与内涵

“外包”的概念首先由普拉哈拉德（Praharad）和哈默（Hamel）于1990年提出。在国内，外包也被称为资源外包、业务外包等。通常意义上的物流外包也指第三方物流，在相关研究中可以找到很多物流外包的定义和解释，但缺乏对物流外包概念统一的定义，学者通常采用很多广义和狭义的方法来定义或解释物流外包。从广义角度而言，物流外包是指利用外部企业执行传统上在组织内部执行的物流功能。这些由物流服务提供商执行的功能包括全部的物流过程或者在这一过程中选定的部分活动。因此，广义的物流外包包括之前在企业内部执行的任何形式的物流活动的外包。狭义的物流外包则是指某些具有特色的物流功能外包和（或）组织间物流外包关系的特征。例如，Berglund等（1999）强调，物流外包是指由物流服务提供商代表客户企业执行物流活动的行为，这些物流活动至少包括运输和仓储的管理与执行。此外，物流活动还可以包括如信息服务（如货物跟踪）、增值活动（如二次装配和产品安装）、客户服务（如付款服务），甚至是供应链管理等其他一些活动。Murphy 和 Poist（1998）提出，物流外包还要考虑合作双方关系的持续和双赢的本质。他们提出，物流外包是指在客户和物流服务提供商之间的关系，与基本服务相比，这种关系提供更多的客户化服务，包含更全面的服务功能，具有长期性特征，是一种彼此互惠的关系。可见，狭义的物流外包有别于在传统的交易基础上物流功能的外包，其假定在客户企业与物流服务提供商之间的关系建立之前，要满足几个特征才能将其定义为物流外包。这些特征包括提供更广泛的物流服务、长期持续、共同努力发展合作关系、提供客户化物流解决方案、利益共享和风险共担等。在物流外包的广义和狭义观点之间，Bask（2001）提出一种折中的观点，即将物流外包描述为供应链节点与物流服务提供商之间的

关系。在这里提供从基本服务到客户化的物流解决方案，双方之间的关系是短期或长期的，以实现效率和效果方面的目标。他提出，物流服务提供商应满足其供应链中客户的需求，这种关系在范围、内容和持续性上应具有普遍性。这一定义被广泛应用于当前的研究中，因为其清楚地指出了物流外包的定义应该包括企业与企业之间的关系，充分体现了物流外包概念的本质。

但要指出的是，Bask（2001）把物流外包看作一组三元关系，涉及供应链中的买方、卖方和物流服务提供商。然而，这种三元关系在大多数情况下并不是一种正常的关系，因为大多数第三方物流关系仅局限于买方或卖方与物流服务提供商之间的二元关系，这种关系存在于客户（货物的买方或卖方）与供应链上的物流服务提供商之间，应研究的是物流服务提供商与买方或卖方之间的双向联系。

2. 物流外包的动机与优势

传统企业决定外包大多基于以下 3 个方面的原因：削减成本、应对生产能力的短期不足、解决关键资源的匮乏问题。而最近的研究证明，企业越来越注重发展自身能力，将外包作为价值创造和赢得竞争优势的潜在源泉。因此，最初物流外包根本的驱动力是降低成本和释放资金，目前则增加了更具有战略性的内容，包括提高市场覆盖率、提高服务水平、提高针对客户需求变化的柔性等。通过对美国企业的研究，Sheffi（1990）提出成本节约、专注于核心业务和提升服务水平是外包的主要原因。还有其他一些学者也提出类似的观点，他们都将企业物流外包背后的最重要因素归结为削减成本。另外一些学者提出，如减少企业在设施设备和人力资源方面的投资、提高准时运送水平、获得复杂的技术和运作的柔性，以及降低不确定性风险等，这也是促使企业外包物流业务的重要因素。与此相对应，物流外包的优势可以总结为以下 3 个方面。

（1）成本优势

由于企业物流外包的最主要原因在于降低成本，相应地，物流外包可以带来很多与成本有关的优势，如资产投资减少（将固定成本转变为可变成本）、减少劳动力、降低固定资产维持成本等。通常，企业认为物流外包的成本要低于在企业内部由自身进行相同的活动或功能所花费的成本。因为物流服务提供商的核心业务就是物流，它们的物流运作会比制造企业更有效，成本也更低。物流服务提供商既可以帮助制造企业降低额外的运送成本、退货成本和丧失销售机会的成本，也可以帮助制造企业在满足客户需求的前提下，用更少的资金移动更多的物料。在某些情况下，合并库存和（或）共享物流服务提供商的设施设备，也可以为制造企业节省成本。此外，一些物流服务提供商在优化配送网络和合并路线方面具备专业知识，可以利用专业设施和技术使库存实现合理化，提高运输工具的效率。

（2）运作优势

物流服务提供商还可以为制造企业带来运作方面的好处，包括降低库存水平、缩短订单循环周期、缩短提前期、提高客户满意度等。另外，物流服务提供商能够帮助客户提高市场响应能力；借助物流服务提供商已有的设施、技术和人员，使客户更容易进行流程再造；物流服务提供商通过延伸其服务，帮助客户企业专注核心竞争力；利用物流服务提供商的大量合格的运输工具，在契约约束下处理客户企业的货物等，都被认为是物流外包的优势所在。

（3）战略优势

物流服务提供商在完成客户企业战略目标的过程中也扮演着重要的角色，其提供的价值链服务包括利用及时的配送和高质量的服务，提高企业服务水平；通过与物流服务提供商合作，降低库存水平，实现更高的产品完好率、更少的顾客投诉，提高订单的准确性，提升质量的一致性；客户企业的非核心业务如被物流服务提供商高效执行，核心业务能力就可以因此得到提升。

由以上分析可以看出，企业进行物流外包不仅可以通过节约成本和减少投资，实现成本优势，更重要的是，物流服务提供商由于拥有的技术和人力资本可以有效嵌入制造企业的价值链，通过提高快速响应能力和运作柔性，提高客户服务水平，从而进一步形成企业的差异化优势。在我国，物流业是发展较快的行业之一，但是，尽管政府和其他机构采取了许多改进和发展措施，我国目前的物流基础设施，尤其是运输网络、通信系统、仓储设施和海关程序仍然有所欠缺，因此我国的物流市场与其他国家存在很大不同。物流外包是大势所趋，在特殊的国情背景下，我国企业如何通过物流外包更好地满足客户需求，提高企业的盈利能力，实现物流外包的利益是值得深入思考的问题。

3. 物流外包决策的影响因素

外包决策基于简单的“自制或外购”考虑，选择能够满足其需求的价格最低的外部企业。企业不应当期望通过物流外包自动获得上述利益，而应该全面分析企业的特征，因为这些特征可能使企业从外包决策中受益，也可能在某些情况下使企业深受外包之苦。相关学者对物流外包决策的影响因素进行研究，这些影响因素大致可以归纳为企业规模、行业类型、准时制（just in time，JIT）生产模式等。

一般认为，一方面，较大型的企业具有较充足的财政资源和规模经济优势，有利于进行外包；另一方面，小企业又往往需要利用外部服务和专业技能作为自身的补充。行业类型是影响外包决策的另一个可能的因素。Murphy 和 Poist（1998）发现，制造企业和商业企业在物流外包的数量和各种服务功能的利用方面存在显著差异。Rahman（2011）从客户角度对澳大利亚的制造企业进行调查后却得出不同的结论，他发现，在澳大利亚物流外包排名第一的是汽车企业，其次是制药企业和化工企业。他还提出，是否进行物流外包这一决策是公司层面需要考虑的问题。但也有学者提出，制造业和贸易业在大多数物流运作方面是相似的，只不过制造企业把物流作为其业务最重要的组成部分，更倾向于物流外包。采用 JIT 生产模式也是促使企业决定是否进行物流外包的重要因素之一，JIT 生产模式的复杂性和运作成本的要求促使企业利用外部资源作为其自身的补充。

可见，影响物流外包决策的因素较多，有企业层面的，也有行业层面的，即使是同一因素，在不同情境下的影响作用也是不同的。

4. 物流外包与企业绩效的关系

对于客户来说，物流系统的任何改变都可能创造价值，因为这种改变或者提高了客户系统的效率，或者提高了客户系统的效果。效率与成本及系统必要的输入相关，效果与系统的输出相关，从这层意义上说，物流外包是与企业绩效相关的。这个结论与 Porter（1985）的观点一致，他突出强调了物流服务提供商通过向其客户提供价值，不仅使客户在成本方面获得效率优势，还使客户获得一种差异化优势。企业对第三方物流服务的利用是一项战略性决策，从客户角度感知且定量分析其对企业绩效的影响是非常必要的，但目前的研究成果显示的结论混乱模糊，一些企业通过物流外包确实获得了令人满意的绩效，但另一些企业则没有。大量的实证研究表明，物流外包与企业绩效之间存在正向、负向或无关等多种复杂的关联。

很多研究显示，物流外包对企业绩效具有正向的影响，特别是在成本方面。根据 Langley（2008）的调查结果，用于物流外包的总花费在北美地区的比例为 49%，在欧洲为 61%，在亚太地区为 57%，在拉丁美洲为 48%，他预测这一比例在未来几年在所有地区还会持续增加。在这些物流外包的客户企业中，持续报告成本降低幅度为 12%～15%，固定物流资产降低超过 20%，订单循环期缩短 20%～30%。Jiang 等（2006）基于美国 51 家业务外包的企业公开的财务数据，实证检验了外包企业与非外包企业在绩效方面存在的差异，发现外包企业在成本效率方面更具优势。他们提出，通过外包能够将固定折旧和运作费用转换为可变的使用费，而且降低了外包企业所承担的固定成本、全职的人力资源花费和其他一般管理成本。Sohail 和 Sohal（2003）对马来西亚企业利用第三方物流服务的时间和程度、选择物流服务提供商的决策过程，以及物流外包对企业绩效的影响等进行了调查。研究结果表明，第三方物流服务对客户企业的成本、战略绩效和顾客满意度均具有正向的影响。Sahay 和 Mohan（2006）构建了一个研究框架，其中输入变量为企业特性，包括利用第三方物流服务的程度、物流外包的原因及其影响；输出功能为企业未来对第三方物流服务的利用，其受到 3 个输入变量的影响。通过问卷调查所得数据进行统计分析后发现，尽管印度的第三方物流实践仍处于发展初期，但利用第三方物流服务对企业绩效具有显著的正向影响。Rahman（2011）在澳大利亚对 210 家大型企业的物流（运营）经理进行问卷调查后发现，澳大利亚企业利用第三方物流对其企业内部物流系统绩效产生了正向的影响。

但是，也有一些学者提出物流外包对企业绩效不产生任何影响。例如，Hsiao等（2010）构建了一个不同水平的物流外包决策对物流服务绩效影响的研究框架，并以荷兰和中国台湾114家食品加工企业为样本，研究发现物流外包对物流服务绩效（运送可靠性、柔性和提前期）没有直接影响，但是，随着供应链复杂程度的提高，绩效会随之增加。这说明各种水平的物流外包活动、绩效和供应链特征之间存在复杂的关系。Solakivi等（2011）对芬兰制造业和贸易业的223家中小型企业的调查结果显示，外包对物流绩效没有任何正向或负向的影响。他们提出，物流业务是留在企业内部还是外包，企业处理物流业务的效率都是相当的。这意味着，企业所处环境和外包决策的适应性可能是一个更重要的绩效驱动因素，而不是外包本身。

另有一些学者则提出，尽管很多组织通过采用物流外包控制或降低成本，但一些证据表明，外包并没有如预期那样使成本得到降低，甚至在某些情况下，反而增加了成本。从事外包的企业可能失去对某些功能的控制和运作柔性，面临将企业的专有知识暴露给供应商的潜在风险，而这些供应商未来可能成为企业的竞争对手。有些企业甚至在接近合同期满时，将外包的运输和仓储业务收回到企业内部。例如，锐步的分拣和包装业务本来外包给物流服务提供商，现在则收回，由其位于荷兰的欧洲分销中心承担；全球鞋类制造商爱步（ECCO）公司，经过一段时期的外包后，最终决定建立和运营自己的全球配送中心。产生这些结果的主要原因在于物流外包带来的服务绩效不佳，如物流中断、服务提供者专业知识不足、员工质量欠佳、缺乏客户反馈、物流服务提供商处理特殊产品需求和紧急状况的能力不足等。

2.1.2 物流外包绩效

1. 物流外包绩效的内涵

绩效是一个与产出或结果的多少有关的概念，其本意说明的是一项行为或活动的好坏。外包绩效是对外包产出或外包结果的评估，体现的是外包过程中行为或活动的质量。通过外包，企业可以将资源集中用于能够创造最多价值的业务领域，从而促使外包业务实现最大化的潜在利益。但是，外包绩效的研究成果并不丰富，大部分文献将研究聚焦于外包成功的方面。事实上，外包成功代表的正是外包利益的实现及合作伙伴满意度的提高，最终表现就是外包绩效。

国外对于外包成功的定义，主要有以下几个方面：Lee 和 Kim（1999）提出外包成功意味着外包的结果能够满足客户的需求。他们建议对外包的结果评估应同时从组织和使用者的角度来进行考量。组织角度的评价标准在于外包是否实现了组织在战略、经济及技术方面的利益，而使用者角度的评价标准则在于接包方是否提供了良好的服务。曹卓琳和朴荣（2012）采用这一观点，提出应从利益和满意度两个方面衡量外包绩效。前者指的是外包是否达成组织在战略、经济及技术方面的利益；后者则指接包方是否提供良好的服务。Kim 和 Young-Soo（2003）将外包成功定义为满意程度和利益感知，前者是指发包方对接包方感到满意的程度；后者是指发包方对于从外包关系中所获得利益的认知。

物流外包绩效是一个重要的战略性问题，但目前对物流领域的研究仍然较少。企业的物流绩效可以被看作两种不同输入的结合，即自营物流绩效和外包物流绩效，而外包物流活动所带来的绩效提升被称为物流外包绩效。应该指出的是，学者对物流绩效和物流外包绩效的理解是存在分歧的。有的学者提出企业的物流绩效由自营物流绩效和外包物流绩效共同组成，物流外包绩效是指企业通过将物流活动及伴随的责任委托给外部的服务提供商所带来的被客户感知的绩效。另一些学者则将物流外包绩效等同于物流服务绩效，提出物流外包绩效是指长期关系中的合作双方彼此的物流行为，其一方面受到企业内部物流流程绩效的影响，另一方面受到物流提供服务商提供的外包绩效的影响，是通过两者的合力实现合作双方的效率、盈利能力和客户服务水平的提高和改善。姜玟求（2011）提出，外包绩效可以分为外包结果绩效和企业绩效两个方面。企业绩效的主要出发点是企业通过物流外包来获取自身在战略、经济和技术方面的效益，本书则聚焦外包结果绩效。根据 Deepen 等（2011）的观点，本书将物流外包绩效定义为在物流外包关系下，客户企业对物流服务提供商所实现的自身物流功能改善的绩效感知。

2. 物流外包绩效的影响因素

物流外包绩效对企业的整体绩效会造成影响。因此，无论是否进行物流外包，清楚地理解物流外包绩效的驱动因素，对于企业管理者应对当前的竞争环境都是至关重要的。物流外包绩效的前置影响因素已经被很多物流学者研究过。研究表明，在外包的过程中会存在一些推动或阻碍外包成功的因素，这些因素包括制定有效的外包决策、选择可信赖的接包方、签订完善的合同及维持良好的外包关系等。但是，这些研究并不是全都针对外包的结果绩效进行讨论的，有些研究考虑的是企业层面的绩效。Murray 等（1995）的实证研究结果表明，影响企业外包绩效的因素包括专用性资产、供应商的议价能力、产品及过程的创新程度等。当专用性资产和产品及过程创新程度提高时，外包对组织绩效产生显著的负向影响，但是当供应商议价能力提高时，这种影响则不存在。Gilley 和 Rasheed（2000）最先提出用外包强度对外包进行测度，在此基础上的大量实证研究均表明一个共同的观点，即非核心业务外包强度正向影响企业绩效，而由于核心业务的外包会导致企业创新能力降低，以及来自接包方的竞争压力，因此核心业务外包强度对企业绩效会产生显著的负向作用。Lee（2001）在对韩国信息技术（information technology,

IT）企业外包问题进行研究时发现，发包方与接包方之间的相互信任对于外包成功起到非常重要的作用。他在研究中还提及并证实外包双方之间的初始印象对外包成功也会产生影响。国内也有学者提出，发包方与接包方的合作伙伴关系会对外包绩效产生影响。例如，计春阳（2010）提出，IT 外包绩效的根本性影响因素是 IT 治理能力，它不仅对 IT 外包绩效产生直接影响，还通过影响外包关系质量对其产生间接影响。周丽虹（2010）也提出，外包企业间的伙伴关系是外包战略影响企业绩效的重要因素之一，它在外包强度和企业绩效之间起调节作用。

Skjoett-Larsen（2000）采用网络理论和案例研究方法讨论了合作在成功的第三方物流关系中扮演的重要角色。Engelbrecht（2004）提出，物流外包绩效受到企业外包经验、物流服务提供商的参与、冲突的强度和物流服务提供商积极主动的改进等因素的影响。Knemeyer 和 Murphy（2004）提出，专用性投资、机会主义行为、满意、物流服务提供商的信誉、沟通和信任影响物流外包绩效。Stank 等（2003）在研究由物流服务提供商提供的物流服务绩效时发现，关系绩效包含响应性、合作、保证和移情作用。Deepen 等（2011）的研究限定于 3 个因素，即合作、积极主动的改进和沟通，这 3 个因素也被看作供应链管理中战略性合作伙伴关系的关键性元素。Wallenburg（2009）也提出，物流服务提供商积极主动的改进强调其采取行动的程度和强度，并以实现客户企业物流活动的创新改善为目标，而这种创新会对物流外包关系的感知绩效带来影响。

综上所述，学者提出的影响物流外包绩效的前置影响因素非常宽泛，意味着这个问题是很复杂的。当然，这种复杂性也意味着学者有潜在的机会去进行更有针对性的研究，其中就包括那些能够受管理者直接影响的关系参与性因素。虽然部分与关系质量相关的因素（如信任、合作、沟通、满意、专用性投资、机会主义行为等）在不同的相关研究中、以不同的组合形式作为影响物流外包绩效的因素被加以考虑，但在物流外包情境下将关系质量作为一个整体构念，进而研究其对物流外包绩效影响机制的文献还较为少见。

2.2 关系质量的相关研究

2.2.1 关系的内涵

关系的内涵非常丰富，根据 Zhuang 等（2010）的观点，关系状态、关系行为和关系规范是关系内涵的 3 个主要方面。其中，个人或组织之间关系的亲密程度、信任的水平、做出承诺的意愿等表示的是关系状态，它是指双方关系质量的高低或关系的好坏；信息共享、共同制订计划、协同解决问题等表示的是关系行为，它是指为发展、维持或利用关系所采取的行为和努力；实施关系行为时需要遵循一定的指导规则，包括人际关系、尊严等，它们则属于关系规范的范畴。关系状态、关系行为和关系规范之间是存在密切关系的，关系状态是关系行为发生的前提和基础，而关系行为反过来又会影响关系状态，关系规范在关系状态和关系行为的相互影响过程中起调节作用。

以菲利普·科特勒为代表的市场营销理论提出，在企业的营销关系网络中除包括企业与顾客的关系之外，还包括企业与其他利益相关者的关系，这些利益相关者不仅涉及企业内部的员工或职能部门、政府、公众，还包括价值链上的其他组织（如供应商、分销商、合作者或竞争对手等），企业的行为受到这些关系的共同影响。Mohr 和 Spekman（1994）将组织间关系定义为相互独立且高度依赖的企业之间为了实现共同的目标和彼此的利益所建立的具有目的性的战略关系，关系双方协同努力以实现每个企业单独行动所无法轻易达成的目标。具体而言，由于交易、合作、联盟、共同研发等，两个相互独立的组织之间形成的联系就是组织间关系。组织间关系的适用情境包括产业市场中的“买方—卖方”关系、供应链成员企业间的关系、物流服务提供商与客户企业之间的关系等。任何组织的生存与绩效都离不开与其他组织间的关系。因此，现代企业越来越重视组织间关系管理，通过认识、分析、优化与其他组织之间的关系，以获得企业发展所需的知识和资源，获得长期竞争优势。

2.2.2　关系质量的含义

1. 相关概念

企业间关系类似于人际关系，有好有坏，有亲有疏。为了量化和评价企业间关系的不同等级程度，学者通常使用不同的概念，如关系强度、关系质量、关系价值、关系满意、关系量级等，但对这些概念的含义并没有达成共识。

关系强度这一概念本身起源于 Granovetter（1973）所著的关于联结强度的文章。随着关系领域研究的发展，学者提出在供应链中可能存在很多不同类型的关系。为了更好地理解这些关系中的行为变异，围绕关系强度的概念逐渐开始被采用。Holmlund（2001）将关系强度看作抵抗关系分裂的能力，表现为供应链各节点间联结的紧密程度。有些学者将关系强度视为关系质量的一个方面，并通过常用的信任、承诺和依赖来度量关系强度，或者仅将其定义为一个由信任、承诺组成的二阶概念。Hausman（2001）提出将关系强度作为一种反映企业关系特征差异的方法，具体是指信任的水平、承诺和感知的关系主义。这里的关系主义实际上是一种信仰，强调关系对组织的成功是重要且有价值的。从这个意义上而言，感知的关系主义与依赖的定义是相似的。武志伟和陈莹（2007，2008）将合作企业间的关系质量划分为关系强度、关系公平性和关系持久性 3 个维度。他们提出，关系强度主要是指合作企业之间关系契约的强度。关系契约一般包括两个部分，即结构部分和社会部分，结构部分是指与关系相关的土地、建筑、设备、人力、技术等有形和无形资本投资的专用性程度，这些投资的专用性越强，双方的关系强度越强，反之则说明关系强度较弱；社会部分是指在专用性投资过程中产生的合作与交往活动，如果双方之间的合作活动越频繁，双方的关系强度越强，反之则说明关系强度越弱。但是另外一些学者，如 Al-alak（2014）则把关系强度与关系质量等同起来。

关系价值是企业对于从关系中的所得和所失进行评价和比较后的结果。关系满意来源于企业对与合作伙伴间关系的各个方面的评价，它是一种与合理结果比较后的正面感情状态，并且随着对过去的满意交易的正向评价，企业对关系的满意程度也在不断累积。关系量级，也称关系级，它是一个广义的术语，包括有关关系强度和关系亲密度的思想和研究。虽然关系量级一直都存在，但是直到近些年这个概念才被作为关系结构的一个独特的组成部分为学者所认知。Golicic 等（2003）提出，关系量级是指组织间关系的亲密度、强度或质量，并提出把关系量级作为一个由信任、承诺和依赖 3 个一阶变量构成的二阶构念。

综上可见，这些概念与关系质量都是相关的，但它们一直没有被清晰地定义或者区分。广义而言，这些概念都在寻求一个相同问题的答案，即什么样的关系是好的关系。Bove 和 Johnson（2001）综述了有关关系强度、关系亲密度和关系质量的研究成果，试图确定每个概念的适用情形，得出的结论是每个概念适用的情境是有区别的。例如，关系亲密度是指在商业环境中的友谊；关系质量则适用于工业环境；关系强度描述的是在商业服务环境中两个个体之间的关系。他们提出，渠道中企业之间的关系用关系质量来量化最合适。本书借鉴此观点，也采用关系质量这一概念来量化制造企业与物流服务提供商之间的关系。

2. 关系质量的定义

作为关系营销理论的核心概念之一，关系质量的概念表述因研究者的不同而略有差异。Levitt（1983）是较早意识到关系质量存在及其重要性的学者之一。Levitt（1986）将关系质量定义为一组无形价值的组合，并提出买卖双方的交易结果会受到这些无形价值的直接影响。随后，关系质量的概念在服务营销领域、B to B 领域、关系营销领域，开始逐步得到重视与更加深入的研究。

关系质量反映了交易关系的整体性质，对关系质量的研究开始于 Dwyer 等（1987），并由 Crosby 等（1990）确立，这为后来的关系质量理论奠定基础。Crosby 等（1990）将研究重点放于服务营销领域，他们将关系质量定义为由于顾客对销售人员以往的行为水准总是感到满意，因此认为销售人员的正直和诚实可以信赖，并对其将来的行为活动充满信心。他们发现根据合作意图、彼此公开和紧密联系程度的不同，买卖双方之间的关系强度有所差异，并提出决定关系质量的因素包括顾客对销售人员的信任、顾客对销售人员及整体情况感到满意。这个概念提及关系质量的核心维度，即“信任”，却因仅囿于销售人员与顾客之间的人际关系而存在一定的局限性。

在此基础上，Liljander 和 Strandvik（1995）根据顾客感知的特点，将服务行业中的关系质量定义为顾客在关系中对感知的服务与某些内在或外在质量标准进行比较后形成的认知评价。Grönroos（2000）持类似观点，他提出关系质量是指顾客与服务企业在长期的互动关系中所形成的动态的质量感知。他们的研究虽然仍然局限于服务业，但因纳入顾客感知而拓展了关系质量的内涵。更为重要的是，他们所提出的这一研究框架搭建起关系质量概念与一般质量概念连接的桥梁，为以后的关系质量理论研究奠定了坚实的基础。

还有一些学者突破了服务营销领域，从组织间关系的角度进一步探索关系质量的内涵，比较有代表性的观点出现在营销渠道和供应链管理领域。Johnson 和 Pharr（1997）将关系质量解释为营销渠道成员间的关系氛围及合作深度。Holmlund（2001）提出的关系质量定义则被认为在 B to B 情境下更具适应性。他提出，关系质量是指商业关系中合作双方的重要人士根据一定的标准对商业活动绩效的综合评价和认知。实际上，该定义在确定组织间的关系质量时依据的仍然是对人际关系的感知。

另外一些学者试图从一般意义上提出关系质量的概念，他们将关系质量描述为在整个关系背景下，客户对于伙伴企业实现其需求、期望和目标程度的感知，这一定义也是目前为学者所广泛接受的。在此基础上，Smith（1998a）提出关系质量是一个由一系列积极结果所构成的高级结构的观点，这些结果能够反映关系的整体力量及关系满足参与方需要和期望的程度，这个定义描述无疑是更为精辟的。

还有学者从关系质量的关键维度角度来描述其定义与内涵，Dorsh 等（1998）是其中最早的代表。他们提出关系质量包括信任、满意、承诺、最小的机会主义、顾客导向与道德形象等维度，并提出关系质量是由这些维度组成的高级结构。这一定义实际上是对 Smith（1998a）的观点进行的更为具体的解释。De Wulf 等（2001）也提出，关系质量是一个高阶构念，它是对买卖双方关系强度的整体评估，包括一些相互区别但彼此联系的维度。从近年的研究中也可以发现类似的定义，如 Liu 等（2010）提出，关系质量是指合作双方有意愿追求共同的利益、相互理解、互惠、彼此忠诚和长期合作的程度。

国内对关系质量的研究大多是追踪式的，刘人怀和姚作为（2005）就是在对以往相关研究进行系统分析的基础上给出了关系质量的概念界定，至今仍被认为具有很强的代表性。他们提出，作为感知总质量的一部分，关系质量是关系主体根据一定的标准对关系满足各自需求程度的共同认知评价，国内很多研究均引用或参考这一定义。以制造商和分销商的关系为例，张涛等（2010）将组织间关系更为具体地解释为双方之间相互信任的程度、做出承诺的意愿，以及保持长期合作关系的愿望。杨雪莲（2012）提出，关系质量既与过去交易的满意程度有关，也与顾客关系型需求和对关系的认知有关，并提出关系质量是能够体现关系价值的，因此在重复交易背景下，将关系质量作为能够反映为关系双方带来交易利益和关系利益的企业-顾客关系水平的评价指标。这一定义强调了关系质量与交易（关系利益）之间的因果关系，某种程度上可以看作对现有关系质量定义的创新。

综上可见，关系质量作为一个评价买方与供应商关系的概念，尽管受到学者越来越多的关注，但是学者在不同的研究背景下，出于不同的研究目的对关系质量的理解和描述是存在差异的。关系质量的概念本质上是用来界定关系参与主体在交互过程中所形成的情感感知的，通常包括 B to C（business to customer）和 B to B 两种类型。前者描述的是企业与顾客之间的关系质量，强调的是顾客对销售或服务人员的服务质量与工作态度的感知和评价；后者描述的是企业与企业之间的关系质量，强调的是双方通过维持长久的合作关系并共同从中获益。企业通过与选定的关键合作伙伴构建共同获益且长期持续的关系，发展和保持双方之间的信任与承诺，以实现高水平的客户满意和客户忠诚，并最终促进企业发展，这也是关系营销的一个基本原则。在 B to B 市场，由于买卖双方的相互依赖性不断增强，而客户多样化需求水平较低，关系营销实践要比 B to C 市场更加明显。

从上述分析可见，尽管关系质量这一术语在相关研究中被频繁使用，涉及的研究范围也相当广泛，似乎其含义已经被理解，但事实上，学术界和业界对关系质量的定义和内涵还没有达成一致，研究结论也因情境的不同而有所差异。一些学者提出，关系质量是影响物流外包成功的重要因素，并提出整合关系营销理论研究物流外包关系是合乎情理的。但是，由于之前没有在物流外包情境下经过验证的关系质量模型，或者具有普适性的关系质量模型，因此需要在这种情境下对关系质量加以概念化。

3. 物流外包关系质量的内涵

物流外包关系质量脱胎于关系质量，这一概念可以被用来体现客户企业对物流服务提供商的信任感，以及对双方关系的满意程度。供应链成员之间的协作会给所有成员带来竞争优势，这一事实已经被广泛认知。根据这一观点，以信任和承诺为特征的长期关系要比各方之间单一的、短期的交易关系更能够带来好的绩效。然而，在实践中很少有企业进行非常深入的协作以实现高效的供应链。正如 Min 等（2005）所言，供应链协作看起来具有巨大的潜力，但是需要进一步研究以了解其实践价值。

制造企业和物流服务提供商作为供应链上两个重要的节点企业，相互之间的关系质量和协作水平不仅直接影响双方的利益，还会对整个供应链的竞争优势带来影响。Wagner 和 Bode（2008）提出，对有志于保持和提高其市场份额的物流服务提供商而言，不应该将焦点放在那些没有外包任何物流活动的新客户身上，而应该努力维持与现有客户之间的关系。因为在市场集中度很低，市场竞争越来越激烈的情况下，相对于获取新客户，与现有客户继续和扩展业务是更具成本效率的，也能够带来更高的收益和投资回报率。Knemeyer 等（2003）以美国企业为样本的研究结论为物流外包关系中的关系营销努力提供了支持。他们提出，通过与物流服务提供商建立紧密的合作关系，可能获得增加外包物流活动的数量、客户推荐、保留老客户等利益，但这些利益与合作双方在关系营销活动中的有形和无形投资有一定关系。因此，合作双方不仅应具有在物质资产方面对关系进行投资的意愿，还要发展与合作伙伴的无形关系，如信任、承诺、沟通等。Morgan 和 Hunt（1994）提出，与客户企业建立基于信任和承诺的长期关系是物流服务提供商致力于实现的重要目标。成功的供应链管理也只有在企业成功地发展和管理其与供应链上其他企业的关系时才能得以实现。

参考以往学者对关系质量的定义描述，本书站在客户企业角度，将物流外包情境下的关系质量定义为制造企业对与物流服务提供商之间的关系强度，以及关系满足自身需求与期望程度的评价与认知。

2.2.3　关系质量的关键维度

大多数学者提出，关系质量是一个高阶构念，由一些彼此区别但相互联系的维度构成。根据关系质量的定义，这些维度可以被看作对一种特定关系的强度或是否成功的整体评价。尽管大多数研究谈及关系质量的关键维度，但是同关系质量的定义一样，有关它的关键维度也是众说纷纭，国内外大量研究还没有对其构成维度达成普遍一致的认识。

Dwyer 等（1987）最先对关系质量的构成维度进行描述，他们提出有质量的关系和非质量的关系可以通过 3 个指标区分，即高水平的满意、信任和最小机会主义。Crosby 等（1990）也提出类似的观点，他们提出销售背景下的关系质量至少包括两个维度，即信任和满意。信任是指顾客相信销售人员能为自己带来长期利益；满意则反映顾客在互动过程中对评价做出反应时的情绪状态。这一观点后来也得到了很多学者的认同，并在不同的行业中进行了实证检验，信任和满意因此成为关系质量的重要结构维度并为多数学者所认同。然而，Grönroos（2000）提出，在服务质量理论框架中提出的关系质量维度框架忽视了一个重要的问题，即双方的互动关系，因此在分析工具和研究角度方面是存在一定的局限性的。这一观点的提出为后来的学者拓展关系质量的维度研究提供了颇具远见的想象力空间。于是，服务质量的可靠性、交际性、移情性等能够反映互动关系特征的要素也受到部分研究者的重视。

Morgan 和 Hunt（1994）提出的信任-承诺理论为关系质量关键维度的研究创

建了重要的演进平台。他们基于关系质量是感知质量一部分的观点，提出了关键中介变量理论，并提出交易关系成功的关键在于信任-承诺特性，明确地把信任和承诺作为检验关系强弱的重要指标。这种观点的提出对关系质量关键维度的研究产生了重要影响，从此，信任、承诺和满意开始在关系质量架构中占据主导地位。尤其是关系双方之间的信任和承诺，作为关系质量的两个重要维度，反映了合作伙伴对参与关系的积极情绪，成为建立、发展和保持良好的企业间关系的重要因素，被广泛地应用于组织间关系的研究中。

Henning-Thurau 和 Klee（1997）假设顾客对关系的感知和评价的好坏对于其是否会保持与服务提供商的关系至关重要，将关系质量定义为一个由顾客质量感知、信任和承诺构成的三维概念，并提出买卖双方之间复杂的交互关系存在于这 3 个维度中，从而建立另外一种分析关系质量结构维度的方法。

在上述研究基础上，学者主要沿两个方向继续进行探索，并提出各种关系质量的多维度模型。其一是遵循 Grönroos（2000）的观点，着眼于研究关系双方的互动特征，在关系质量的概念框架中考虑了一些与关系管理有关的因素，如承诺、沟通、冲突解决、减少机会主义行为等。例如，Mohr 和 Spekman（1994）从买方角度，提出个人计算机行业的销售商与制造商的关系质量可以从承诺、合作、信任、沟通质量、参与及共同解决冲突 6 个方面来衡量，并利用 124 家企业的调研数据进行实证研究。Kumar 等（1995）将关系质量作为一个由信任、承诺、关系投资的意愿、关系持续的期望等维度构成的高阶构念进行研究，并提出后两个因素是决定双方关系长期持续的重要标志的观点。其二是从关系盈利的角度考虑关系质量的维度。例如，Storbacka 等（1994）以提高企业盈利为目标，基于新古典经济学和交易费用理论构建了一个关系质量的动态模型，模型中的关系质量由满意、承诺、沟通和联系等维度构成。Naudé 和 Buttle（2000）通过与一个由 40 个高层管理者组成的小组共同工作，利用组合分析的方法确定了工业情境中 5 个重要的 B to B 关系质量的维度，即信任、满意、供应链集成、权力和利润。Parsons（2002）将关系质量的研究划分为人际交往和企业关系两个层面，并提出关系质量包括承诺、共同目标和关系利益 3 个维度。

Holmlund（2001）是把学术界对关系质量的研究从营销领域拓展到企业合作领域的代表学者之一。他将早期服务质量模型中的过程和结果维度进行扩展，提出评价关系质量过程与结果的指标不仅要考虑社会因素，还应将与合作双方有关的技术和经济因素纳入考虑范畴，因此将关系质量的每个领域均划分为技术、社会与经济 3 个维度。应该说，从广泛、动态的角度构建的模型对于 B to B 关系研究是更具适用性的，因为他不仅综合运用了多种理论的研究方法，更重要的是，在一定程度上突破了以往研究过分重视从社会角度评价关系质量的局限性。但是他提出的这一研究框架也遭受一些诟病，如研究领域的界定过于宽泛、评估维度结构过于复杂等，因此很难用来进行实证研究。

国内对关系质量结构维度的研究大多属于对国外的追踪式研究，信任、承诺和满意是在实证研究中界定关系质量的常用维度，如曹忠鹏等（2009）等。阮平南和姜宁（2009）虽然从一般意义上提出了 5 个关系质量的维度，即经济维度、心理维度、沟通维度、管理维度和社会维度，但是信任、承诺、满意仍然是在每个基本维度下衍生的较为重要的影响因素。严兴全等（2011）在研究中仅采用信任与承诺作为关系质量的关键维度，他们提出这两个维度不仅包含关系双方对互动历史的评价，还包含关系双方对未来合作的期望，完全能够很简洁、很完整地涵盖关系质量的内涵，而诸如满意、冲突、合作、权力等变量更多地体现的是关系质量的前因或结果，因此在关系质量的构念模型中可以不被纳入。任星耀等（2009）将关系质量定义为对关系氛围的感知及对商业互动效果的评价，基于此提出利用机会主义行为的感知和关系绩效来描述关系质量。他们提出，机会主义行为的感知描述的是弱势方市场对强势方市场产生的负面观感，是对渠道成员间关系氛围负面程度的评价指标；关系绩效则是对商业互动效果的综合评价，主要通过合作活动计划和实际执行的结果，以及执行的效率和效果来做评估。

综上所述，国内外大多数学者研究的是在 B to B 或 B to C 情境下的二元关系质量。在 B to C 情境下的研究对信任、承诺和满意维度的关注较多，有时还包括联系、冲突和沟通。相比之下，用来度量关系质量的维度在 B to B 情境下有所不同。除了信任和承诺已经被公认为是组织间关系中常用的关键变量之外，随着关系质量涉及的研究领域越来越广，其他维度的选择变化很大。正如 Naudé 和 Buttle（2000）所言，关系质量的概念并非没有解释，而是广泛的情境因素决定关系质量的不同，而对于哪些因素对高质量关系具有决定作用存在不同的观点。实际研究中也是如此，多数学者提出严格定义关系质量架构并不是非常必要的，他们更多地倾向于根据不同的研究背景和需要，从不同的角度处理这个问题。Naudé 等（2007）提出，关系质量的维度应根据研究的不同行业进行选择，而且要更多地考虑社会交往方面的因素。尤其是在世界上不同的国家或地区，发展关系的路径是不同的，组成关系的属性也可能会有不同的评价。

2.2.4　关系质量的前因

由于关系质量的构成维度还没有达成共识，因此从管理实践者的角度产生另一个重要的问题，即哪些因素可能提升关系质量。合适的关系是要考虑前后关系的，而且应当基于形势的特点来构建。企业必须管理和保持每种关系结构，这使识别关系的驱动因素以决定关系的合适量级成为必需。根据行为由动机驱动，行为又会带来一定产出的一般观点，正是特定的经营形势驱使企业与合作伙伴或者建立紧密的关系，或者保持一定的距离。没有哪一种特定类型的关系比其他类型的关系更好或不好，关键在于根据企业的实际情况找到最适合的关系类型。虽然我们提倡企业与供应商或客户建立和保持长期亲密的关系，但是研究结果显示，在不同的情境下组织之间的关系类型是不同的，而不同类型的关系又会导致不同的产出和结果，因此，没有一种关系会在所有情况下都适合。目前的研究还没有充分说明关系潜在的影响因素。每种关系都有自身的一套驱动因素和独特的运作环境，因此，关系的持续期、关系宽度、关系强度和关系的亲密度都会随着时间的变化而变化，而且在不同的情况下有所不同。

很多研究在不同情境下探讨了关系质量的前置影响因素，归纳来看，B to C 和 B to B 情境下关系质量的前因变量主要可以分为 4 类。

（1）关系双方的特征

关系双方的特征，主要包括以下几个方面：①变量的相似性，如个性、生活方式和社会等级的相似性、企业文化的相似性、目标的一致性、价值相似性等；②卖方专门知识、客户经验及所提供的产品或服务的客户技能；③以关系导向、关系主义或关系销售行为表示的、由交互沟通的频率决定的关系行为的类型、彼此信息披露的程度和合作的意图等；④伦理行为和导向；⑤企业信誉、规模和能力等；⑥服务提供商的属性；⑦供应商感知的中间商的市场导向等。

（2）关系自身的属性

关系自身的属性包括双方之间存在的强联系、关系利益和关系终止的成本、权力和双方之间的依赖程度、关系持续的时间、双方在决策制定过程中的参与及流程正式程度、沟通质量等。

（3）产品或服务本身的特征

产品或服务本身的特征包括产品或服务适应客户需求的程度、产品绩效和售后服务、服务质量等。

（4）外部环境和影响

网络研究方面的结果表明，外力和环境也是关系质量的影响因素。企业网络的形成是为了应对动态的经营压力，这些压力很多来自竞争对手。因此，外部影响主要意味着客户导向或者竞争压力。Kumar 等（1995）在研究大型汽车制造商和小型区域性新汽车经销商的关系时，就提出环境的不确定性是影响双方关系质量的重要因素。Golicic 和 Mentzer（2005）也将外部的影响作为影响货主企业与物流服务提供商关系质量的前因变量之一。

2.2.5 关系质量的结果

归纳起来，关系质量的结果在各类研究中主要包括 3 类变量。

1）不同形式的企业、服务或渠道绩效。不同形式的企业、服务或渠道绩效包括购买效率、市场应用研究、供应链绩效、出口绩效、销售效果、服务质量等。

2）关系利益。关系利益包括未来互动的预期、关系强度、关系寿命、客户保留、关系提升和持续，还有一些其他方面的利益，如自愿的伙伴关系、客户忠诚、未来关于关系的意图、实际的或感知的关系价值、客户忠诚等。

3）与满意相关的变量。与满意相关的变量包括销售人员满意、经济的和非经济的满意和买方对供应商的满意等。

可见，在 B to B 关系的研究中，主要利用效率和绩效变量来度量关系质量的结果，而在服务营销和零售环境下，主要利用更多与关系相关的变量来度量关系质量的结果。从管理的角度而言，评价关系质量的绩效结果要比关系质量本身更有趣，这方面的研究也是非常需要的。Fynes 等（2008）提出，组织间关系的重要性及其对绩效的影响是一个能够引起大量管理和学术兴趣的话题。大量不断增加的研究证明构建高质量的企业关系能够给买卖双方带来各种优势。

绩效的改善源于关系的质量或价值的结果。绩效可以通过较高的满意度、增加的利益、成本的降低和较高的价值来度量。研究中普遍认为，关系越亲密，绩效水平越高。买方与供应商之间高水平的关系质量经常与亲密和谐的气氛相关，在这种气氛下，供应商非常了解买方的需求和偏好，这有助于提供合适的产品以满足买方的需求。因此，高水平的关系质量会提升买方的生产效率。根据 Fynes 等（2005）的研究结果，高水平的关系质量更加强调质量和运送，因此，关系质量对买方的质量绩效和生产绩效也具有正向影响。Athanasopoulou（2008）提出“关系质量—绩效”的概念框架，并提出关系质量给客户和服务提供商带来的结果包括持久的客户、客户的心理利益、员工满意、客户保持、较高的盈利能力、关系开发、成功和信誉、新的服务思想等。Leonidou 等（2013）基于结构化问卷，通过电话调查收集数据，利用 189 份塞浦路斯共和国进口商的样本（主要为中小型企业），通过结构方程模型进行分析，结果发现，与出口商的关系质量越差，进口商感知的关系绩效就越低。Al-alak（2014）在研究中，为度量关系质量的结果，运用了关系连续性和口碑效应两个概念。他通过量表开发，利用问卷调查的方法获得位于马来西亚吉隆坡的 10 家排名在前的商业银行的相关数据（其中 6 家是马来西亚本土银行，另外 4 家是外国银行），实证分析结果显示，客户与员工的关系导向越强，关系质量水平越高，关系也越具有持续性。

2.3　关系行为的相关研究

2.3.1　关系行为的含义

学者正式提出关系行为的概念是在关系营销范式兴盛之后，但是以往对关系行为的研究主要集中在渠道领域。绝大多数的企业将渠道关系的开发和管理作为一项中心任务，但由于利益之争，渠道成员间的合作常常以失败而告终。因此，这其中的关系行为过程成为渠道关系管理的中心要素。营销渠道领域的学者从20世纪60年代末就开始对权力、冲突、机会主义行为、依赖等渠道行为及其控制机制进行探索。随着关系交换、关系营销理论与实践的不断发展，到20世纪80年代中期，虽然这些变量依然受到学者的广泛关注，但是关系交换中的行为更加强调合作、互惠和调适，因此基于信任、承诺的各方行为开始受到更多的关注。

国外学术界对关系行为的研究大多是在关系契约的基础上进行的。Macneil（1980）在研究中明确指出，关系契约的履行不仅有赖于正式的制度安排，还依赖一些社会过程和关系规范。正式的制度安排是指对交易结构进行事前规定和理性规划，而社会过程和关系规范则可以用来管理企业间的关系，依据这些关系规范可以管理交易伙伴间可接受的行为。

对关系行为的研究最初来自于组织行为学领域，其关注的是组织内部的人际关系，后来逐步拓展至企业网络领域。网络成员间的关系行为及其对网络组织演进的重要意义开始受到越来越多研究者的关注。Lusch 和 Brown（1996）是最早对组织间的关系行为进行研究的学者，他们将关系行为定义为交易双方形成的共有的预期行为。在此基础上，Hewett 和 Bearden（2001）提出，关系行为是指在产品或服务的流通过程中，渠道成员为了促进渠道正常运行和渠道关系长期、稳定、和谐所做的一些活动。Claro 等（2003）提出，关系行为主要包括两个方面：一是合作双方共同制订计划，二是合作双方共同解决问题，这两个方面都体现合作双方预期的联合行动。张涛等（2010）对此观点做了进一步解释，他们提出无论是共同制订计划还是共同解决问题，都需要渠道成员进行讨论与协商，前者是指针对未来可能发生的事件及其结果共同制订有效的应对措施，并明确彼此的责任和义务；后者则是指针对渠道合作中出现的问题，共同提出解决方案并着手实施。实际上，上述观点意味着对于 B to B 类型的关系而言，关系行为不能单从一方角度考虑，因为只有关系双方共同努力，并愿意为关系的持续采取协同行动，才能保证良好关系效果的实现。从此观点出发，本书将关系行为定义为关系双方为促进合作正常运行和外包关系长期、稳定、和谐所采取的一些行动。

国内对关系行为的关注并不多，少数学者根据研究目的和需要给出了适当的关系行为定义。例如，严兴全等（2011）提出，关系行为是指商业关系中某一方在商业互动中表现出的行为。李文金等（2012）在研究关系对创业企业融资的影响时，提出关系行为是指关系网络中为了维持关系稳定性的人际关系及其行为表现。

2.3.2 关系行为的分类

尽管学者对关系行为概念的关注越来越多，但作为一个公认的多维构念，其维度划分仍然是受到争议的，一般认为对关系行为最为彻底的分类框架来自于关系契约学派。在实证研究中被学者普遍接受的关系行为的分类方法最早来自于 Heide 和 John（1992）对关系规范的研究。后来，Lusch 和 Brown（1996）、Yilmaz 等（2005）沿用这种测量方法，将关系行为分为柔性、信息交换和团结 3 种类型。他们对这 3 种行为类型的解释是单从一方角度考虑的，其中，柔性是指交易过程中关系一方能够及时响应另一方特殊需求的程度；信息交换是指关系一方充分、及时、准确地向另一方传递有用且关键信息的程度；团结则是指关系一方为维持关系的长期持续实施某些行为的程度。

在此观点基础上，Hewett 和 Bearden（2001）在研究跨国集团的母子公司之间关系时，把关系行为进一步分类为依从和合作两类。为了进一步强调依从和合作的区别，他们还引用 Morgan 和 Hunt（1994）的观点进行解释，即合作是一种预先的、主动的关系行为，而依从则是一种反应型的、被动的关系行为。寿志钢等（2008）倾向于使用这种关系行为的分类方法，在研究中采用合作和依从两个维度，并提出依从与 Lusch 和 Brown（1996）提及的柔性维度具有相近的意义，其中也包括关系一方为满足另一方的要求而提供的信息交流，因此与信息交换维度也有部分意义上的重叠；而合作除了包括关系一方积极主动地与另一方进行信息交流之外，还包括为维护关系长期持续所实施的一些主动行为，即团结维度。基于这种解释，他们提出将关系行为划分为依从和合作的分类方法具有较好的内容效度。

Ivens（2004）根据对关系契约领域相关研究的全面回顾，提出 B to B 关系研究中 10 种主要的关系行为，包括团结（solidarity）、长期导向（long-term orientation）、信息交换（information exchange）、柔性（flexibility）、互惠（mutuality）、计划（planning）、角色完整性（role integrity）、权力利用（power use）、冲突解决（conflict resolution）和监控（monitoring）。具体如表 2.1 所示。

表 2.1　Ivens 提出的 B to B 关系研究中主要的关系行为

关系行为	描述
团结（solidarity）	为维持关系的长期持续所实施的行为
长期导向（long-term orientation）	关系参与方对关系长期持续的期望及未来的互动行为
信息交换（information exchange）	关系参与方彼此主动提供有用信息的双边期望
柔性（flexibility）	关系参与方愿意随环境变化做出适应的双边期望
互惠（mutuality）	关系参与方对于从关系中获得积极回报的期望
计划（planning）	对于未来意外事件和关系中相应的责任与义务事前采取措施的过程
角色完整性（role integrity）	对关系网络中复杂的多维角色的维护和保持
权力利用（power use）	关系参与者不会利用其合法权力阻止合作伙伴实现预期利益
冲突解决（conflict resolution）	利用灵活、非正式的人际机制解决关系中出现的冲突问题
监控（monitoring）	在交易协议实施过程中关系一方为确保另一方的绩效得以实现所采取的控制或监督行为

Poppo 和 Zenger（2002）将关系规范划分为开放式沟通、信息共享、合作、信任与依赖，张涛等（2010）对此观点提出了疑问。张涛等（2010）提出这种分类方法实际上混淆了关系质量、关系行为和关系规范的内涵，因为开放式沟通、信息共享和合作应当属于关系行为的范畴，信任和依赖应属于关系质量的范畴。胡保玲（2009）以 130 家木地板经销商为研究对象，提出经销商对与制造商边界人员间私人关系状况所做出的两种关系行为：依从与情感承诺。严兴全等（2010）基于文献分析和访谈的结果，提出合作、灵活性、口碑、正式控制、默许、机会主义行为与关系行为是最为相关的。刘盼（2010）提出，资源的共享和活动的协调是渠道关系行为的两个主要的研究内容，前者是资源维度上的内容，以信息共享为典型构念；后者则是行为维度上的内容，以合作为典型构念，因此，业务合作和信息共享被作为渠道关系行为的两个维度。

综上可见，不同的学者对关系行为的操作化不尽相同，他们会根据研究目的和研究背景的需要选择其中的一种或几种行为加以探讨，而不是关注所有的关系行为。正如 Ivens（2004）所言，至今还没有一篇文献研究了所有的关系行为。甚至有些学者由于在数据处理方面遇到无法有效区分的困难，最终没有对关系行为进行分类研究，而是将其作为一个统一的变量来处理，如李文金等（2012）就将关系行为作为单维度结构进行一般性测量。

2.4 关系质量与关系行为的关系

对关系质量与关系行为关系的探讨，来自于学者对关系治理的研究。关系治理（relational governance）是一个企业与其他企业之间的组织交易的方式。Heide 和 John（1992）对关系治理的概念提出了比较有代表性的观点。他们提出，关系治理是渠道成员在共同目标的基础上，为保护关系专有资产和维持合作关系所采取的关系规范和联合行动机制。这里的关系规范包括信任、承诺、合作及共同解决问题等方面，它与关系状态、关系行为共同构成关系治理维度细分后的 3 个构成部分。具体而言，关系状态是指人际关系的基础或质量，主要采用关系质量或关系强度做出解释；关系行为是指为了发展、维持或利用人际关系所采取的行为或努力，体现为合作双方通过沟通、协商等行为共同解决问题或共同制订计划等；关系规范则是指导人们进行关系行为的规则或准则，主要包括一些社会性的规范。

根据张涛等（2010）的观点，关系质量是正向影响关系行为的，也就是说，关系行为的发生要基于一定的关系状态或者关系基础，即关系质量。企业之间的交易模式可以分为短期交易和长期交易两种，在做出选择时要考虑的因素包括两个方面：一是双方是否具有长期合作导向；二是双方的信任程度。实际上这两个因素正是关系质量的核心所在。因此，如果企业之间的关系质量较好，就自然倾向于选择长期交易模式，反之则会选择短期交易。在长期的合作关系中，双方为实现彼此预期的利益，就会基于互利互惠的原则采取必要的关系行为，如共同制订计划、共同解决交易中出现的问题等。Zaheer 和 Venkatraman（1995）的研究也得到了类似的结论，即随着企业之间信任程度的提高，双方更愿意采取积极主动的关系行为，如共同解决问题和共同制订计划。彭雷清和张正阳（2009）的研究发现，渠道成员间良好的关系质量会提高彼此团结合作的程度，而团结正是关系行为的一种表现。与此同时，也有一些学者提出关系质量与关系行为之间存在一种反复的关系，即积极的关系行为能够增强关系质量，良好的关系质量会产生更加积极的关系行为，这种关系行为又会带来更高水平的关系质量。例如，Anderson 和 Narus（1990）提出，联盟企业之间的互惠互利和相互信任有利于双方更紧密的合作，随着信任水平的提高双方共同解决问题的能力也会得到增强；反之，又能强化联盟企业之间的关系，从而产生更高水平的信任和承诺。

综上可见，关系质量与关系行为之间存在相互影响、相互促进的关系，但本书倾向于采用目前主流的观点，即关系行为的发生应当以一定的关系质量为基础，并在此基础上探讨其与绩效之间的联系。

2.5　关系质量与物流外包绩效的关系

关系质量是影响外包关系结果的重要因素，企业从外包关系中获得的利益倾向于关注企业感知的绩效改善。虽然有很多研究指出外包的潜在利益。例如，Smith（1998a）提出，当外部环境发生变化时，发包方和接包方之间高质量的战略关系不仅可以增强双方的信任度和紧密联系程度，还能够维持双方的共同利益，进而提升外包绩效。Lee 和 Kim（1999）的实证研究结果表明，外包商的技术能力和组织内关系协调能力能够通过提高关系质量而最终影响外包结果。但是，外包给企业带来的优势和劣势也在不同行业中引起越来越多的争论。一些研究显示，物流外包对绩效具有正向影响，特别是在成本方面。Lieb 和 Miller（2002）通过调查《财富》世界 500 强制造企业利用第三方物流的情况，发现用户通常对第三方物流给企业带来的影响感到满意，最满意的方面在于物流成本、物流服务水平和客户服务。基于加纳共和国 64 家企业的数据分析，Sohail 等（2004）发现超过 80% 的用户认为物流外包对企业具有正向影响，并对其感到非常满意。但是，也有一些研究提出物流外包对企业绩效不产生任何影响。例如，Hsiao 等（2010）以荷兰和我国台湾地区的食品加工业为例，研究外包物流功能对服务绩效的影响，得出的结论是物流外包对服务绩效没有直接影响。个别研究甚至提出在某些情况下，物流外包已成为企业经营失败的根源。Dapiran 等（1996）在进行调查后发现，澳大利亚很多主要的快速消费品企业抓住机会，在接近合同期满时，将外包的运输和仓储业务收回企业。

通过对既有研究的分析可以发现，学者对物流外包绩效的研究大多从外包物流活动的类型着手，研究这些物流活动或活动的集合体对物流外包绩效的影响，而物流外包过程中的关系管理问题通常被忽略。事实上，企业通过与物流服务提供商建立长期紧密的合作关系，可以帮助企业降低风险，提高效率，提高盈利能力，从而为客户提供更好的服务。Gooley（1996）早期的研究结果显示，超过 60% 的客户企业提出，与物流服务提供商之间良好的合作关系有助于其降低物流成本，提高物流服务水平和客户满意度。

可见，尽管学者对物流外包投入较多的关注，但对物流外包带来的期望利益的确切认识还没有得出一致的结论。有一种观点被普遍承认，即物流外包不仅仅是将物流活动从一方转移到另一方的活动，更重要的是形成和管理与物流服务提供商的合作伙伴关系。也就是说，客户企业和物流服务提供商之间的关系对物流外包绩效具有至关重要的影响。

考虑到关系质量对绩效的影响机制，就目前作者搜索的文献来看，学者大多倾向于研究关系质量对绩效的直接影响。研究中普遍提出，关系越亲密，外包绩效水平越高。Uzzi（1997）在对纽约的服装制造业进行研究时发现，契约并不是维系产业内关系的关键，紧密的关系以信任、信息充分共享和共同解决问题为特征，并使企业获得诸多好处，如对无法预见的变化做出快速反应、降低成本、提高经济绩效等。Narasimhan 和 Jayaram（1998）的研究结果显示，供应链成员企业通过与其相邻的上下游合作伙伴建立良好的合作关系，有助于提高企业的生产效率，这一研究结果也暗示企业间关系质量的增强可以改善绩效的观点。在物流外包情境下，关系质量对绩效的正向影响是否依然存在，关系质量与物流外包绩效间关系链的传导机制如何，还值得进一步研究与探索。

2.6 现有研究的述评

从上述分析可以看出，在关系质量、关系行为和物流外包绩效相关研究领域，尽管国内外学者已经进行了较为广泛的研究，无论是在理论层面还是在实证层面，都取得了比较丰富的研究成果，但是，既有研究也存在一些不足之处，主要表现在以下几个方面。

1）尽管一般意义上的外包潜在的积极影响和消极影响已经被熟知，并在各种研究中得到检验，但是在物流外包领域的实证研究是非常有限的。随着物流外包在世界范围内日益普遍，物流服务的提供者和客户通过何种方式实现各自和彼此关系利益的最大化，这个问题还不甚清楚。已有研究大多从物流外包活动的主要类型着手，研究这些外包的物流活动或活动的集合体对绩效的影响，但得出的结论并不统一。物流外包的本质是物流服务提供商与客户企业之间的二元关系，这种组织间关系对物流外包绩效的影响及其机制问题尚缺乏深入研究。

2）虽然 B to B 情境下关系质量的重要性已得到学者的高度关注，但是他们大多根据自身的研究目的和研究需要，结合不同的研究背景提出关系质量的结构维度，即使是在物流外包情境下进行的研究也没有将关系质量视为一个整体概念，提出经过验证的构念模型，可以认为这是该领域实证研究文献相对较少的原因之一，有待进一步探索和拓展。

3）学者大多倾向于研究关系质量对绩效的直接影响，虽然可以推断关系质量对物流外包绩效的正向影响作用，但是，关系质量是通过怎样的作用机制影响物流外包绩效的，其中的转换路径如何，这个过程“黑箱”尚未打开。

4）已有物流外包领域的实证研究大多基于发达国家或其他发展中国家的背景，在中国背景下开展的研究相对较少，中国特定的发展阶段、特殊的文化背景等原因使“关系”对组织间合作的影响研究变得更加必要和敏感，因此存在深入挖掘的空间。

小　　结

本章主要对书中的 3 个核心概念：关系质量、关系行为和物流外包绩效的相关研究进行回顾和分析，阐述相关概念的内涵、关系质量的关键维度等，并分析三者之间的相互关系，最后对现有的研究成果进行评述和总结，为后续的研究奠定理论基础。

第 3 章　理论推导与研究假设

3.1　物流外包关系质量的六维度模型

虽然现有研究对关系质量的结构维度广有涉及，但对于哪些维度是关键的仍没有统一的意见和广泛认同的观点，学者大多根据自己的研究目的和研究情境，从不同的视角选取一些维度进行研究。通过对国内外现有主要研究进行全面梳理和分析，本书归纳汇总关系质量的关键维度，具体如表 3.1 所示。

3.1.1　不同研究领域中的关系质量维度

从表 3.1 中可以看出，随着社会的发展，关系质量的研究领域已经从最初的服务营销领域逐步拓展至 B to B 和一般的关系营销领域，但对于关系质量结构维度的划分在不同研究领域仍然存在很大的不一致性。

1. 服务营销领域的关系质量维度

对关系质量关键维度的最初探索来自于服务营销领域，早期研究更多关注的是一些人际关系因素和关系的互动特征。例如，Parasuraman 等（1988）提出了包括有形性、可靠性、响应性、保证性与移情性 5 个维度的 SERVQUAL 模型，该模型被理论界认为是最具权威性的服务质量维度模型，模型的后四个维度体现的是服务过程中的人际互动特点。从提高销售效率、降低交易成本的角度出发，Crosby 等（1990）构建了被认为是最早的关系质量维度结构。他们在研究中突出强调人（包括顾客和销售人员）在营销活动中的重要地位，从顾客与推销人员之间、顾客与企业之间两个层面分析关系质量，并将信任和满意作为关系质量结构中的内生维度，以反映互动的关系质量，这一研究思路被后来的学者效仿。在此基础上，Storbacka 等（1994）从动态的角度提出关系质量由满意、承诺、沟通与联系等维度构成，这种划分方法体现了关系对企业和顾客双方的价值贡献，其重点是关系的延续。通过对前人研究成果的详尽分析，Roberts 等（2003）则将服务营销背景下的关系质量简化为由信任、承诺、满意和冲突处理 4 个维度构成，并将每个维度细分为子维度进行研究，如信任包括对合作伙伴诚实的信任及对合作伙伴仁慈的信任。近年来，服务营销领域的一些学者又对关系质量的结构维度做出进一步拓展，如 Athanasopoulou（2008）、Daniel 等（2009）、曹忠鹏等（2009）、Al-alak（2014）等，他们在信任、承诺和满意 3 个基本维度之外，还增加了对沟通、适应、权力、理解、利益和风险共担等因素的关注。

表 3.1 归纳汇总关系质量的关键维度

研究者 \ 关键维度	信任	承诺	满意	合作	沟通	适应	冲突处理	机会主义行为	参与	依赖	投资意愿	其他	研究视角	研究领域
Dwyer 等（1987）	★		★					★					买方	B to B
Crosby 等（1990）	★		★										卖方	服务营销
Lagace 等（1991）	★		★										买方	关系营销
Moorman 等（1992）		★							★			感知的互动质量	卖方	关系营销
Han 等（1993）	★		★										双方	B to B
Johnson 等（1993）			★	★								关系稳定性	买方	B to B
Morgan 和 Hunt（1994）	★	★											卖方	关系营销
Kumar 等（1995）	★	★					★				★	关系连续性的期望	买方	B to B
Wilson 和 Jantrania（1996）	★		★									结构和社会关系、目标兼容性、替代选择的相对水平	—	—
Henning-Thurau 和 Klee(2000，1997）	★	★										产品相关质量的感知	—	—
Leuthesser（1997）	★		★										买方	B to B
Doney 和 Cannon（1997）	★												买方	B to B
Smith（1998a，1998b）	★	★	★										买方	B to B
Dorsh 等（1998）	★	★	★									客户导向、道德状况、对机会主义的宽容	买方	B to B
Jap（1999）	★						★					关系持续性的期望、脱离	买方	B to B
Baker 等（1999）	★	★	★									对于合作标准的感知	卖方	B to B
Johnson（1999）	★							★				公平	买方	B to B
Naudé 和 Buttle（2000）	★		★									协调、权力、利润	买方	B to B
Goodman 和 Dion（2001）		★											买方	B to B
Bove 和 Johnson（2001）	★	★											买方	服务营销

续表

关键维度 / 研究者	信任	承诺	满意	合作	沟通	适应	冲突处理	机会主义行为	参与	依赖	投资意愿	其他	研究视角	研究领域
De Ruyeter 等（2001）	★	★											买方	B to B
Hewett 等（2002）	★	★											双方	B to B
Henning-Thurau 等（2002）	★		★										买方	关系营销
Friman 等（2002）	★	★											卖方	B to B
Walter 等（2003）	★	★	★										买方	B to B
Roberts 等（2003）	★	★	★				★						买方	服务营销
Sanzo 等（2003）	★						★					买方关系价值	买方	B to B
Fynes 等（2004）	★			★	★	★							卖方	供应链
Lages 等（2005）			★		★							信息共享、长期关系导向	卖方	B to B
Van Bruggen 等（2005）	★	★	★				★						买方	B to B
Fynes 等（2005）	★	★		★	★	★				★			卖方	供应链
Huntley（2006）	★	★											买方	B to B
Leonidou 等（2006）	★	★	★	★	★	★						理解	卖方	B to B
Raugruen 和 Miller（2007）	★	★										感知的服务质量	买方	B to B
武志伟和陈莹（2007）												关系强度、关系公平性和关系持久性	—	B to B
Naudé 等（2007）	★		★	★								权力、利润	—	B to B
Fynes 等（2008）	★			★	★	★							卖方	供应链
Skarmeas 等（2008）	★	★	★										买方	B to B
Athanasopoulou（2008）	★	★	★	★		★	★						卖方	服务营销
Daniel 等（2009）	★	★					★					利益和风险共担、理解	买方	服务营销
曹忠鹏等（2009）	★	★	★										买方	服务营销
阮平南和姜宁（2009）					★							经济、心理、管理、社会	—	—
任星耀等（2009）								★				关系绩效	买方	B to B

续表

关键维度 研究者	信任	承诺	满意	合作	沟通	适应	冲突处理	机会主义行为	参与	依赖	投资意愿	其他	研究视角	研究领域
宋永涛等（2009）	★			★	★	★						关系氛围	买方	B to B
Liu 等（2010）	★	★											双方	B to B
Vesna 和 Zabkar（2010）	★	★	★										买方	关系营销
蒲国利等（2010）	★	★	★										双方	关系营销
Tan 等（2011）	★	★		★									买方	B to B
严兴全等（2011）	★	★											买方	B to B
杨雪莲（2012）	★	★	★										买方	B to B
Song 等（2012）				★		★						气氛	买方	B to B
Leonidou 等（2013）	★	★		★	★								买方	B to B
Al-alak（2014）	★		★										买方	服务营销
徐可等（2015）	★			★	★	★	★					关系氛围	买方	B to B
刘刚（2015）	★	★	★										—	—
熊凯（2015）	★	★	★										买方	服务营销
周茵等（2016）	★	★										理解	卖方	B to B
马鸿佳等（2017）	★	★											—	B to B
Shin 等（2018）	★	★											双方	B to B
Chou 等（2018）	★	★								★			卖方	B to B
Lo 等（2018）												高层管理者的支持、关系治理	买方	B to B
维度使用频率	52	36	27	12	9	8	8	3	1	2	1			

资料来源：作者根据相关研究整理绘制。

综上可见，服务营销领域的学者多是从人际关系和关系的交互角度来研究关系质量的。因此，顾客与企业员工的个性、心理特征、能力、专业知识、双方的互动界面及其他环境因素，自然成为服务营销领域关系质量的维度备选因素。

2. B to B 领域的关系质量维度

B to B 领域的关系质量更多的是从关系协作与关系管理的层面来研究的，比较有代表性的 B to B 领域的关系有工业品营销中的买卖关系、渠道成员间的关系、供应链合作伙伴间的关系、战略联盟成员关系等。在此类关系中，任何一方都需要在选择合作伙伴、建立和巩固合作关系方面进行必要的资源投入，而且退出关系都需要付出巨大的代价，因此，买卖双方为了维持关系的持续不得不做出彼此适应，以获得长期利益和竞争优势的行为。

基于 Crosby 等（1990）在服务营销领域的研究成果，B to B 领域的关系质量维度研究主要集中在两个方面：一是为加强合作双方的关系管理，对一些人际关系因素给予较多的关注。例如，在 Dwyer（1987）提出的由满意、信任和减少机会主义 3 个维度构成的关系质量模型基础上，Mohr 和 Spekman（1994）在划分关系质量的维度时，尤其重视沟通和冲突的共同解决。二是摆脱人际关系的狭窄空间，将 B to B 情境下关系质量的研究层面扩展到企业关系本身，甚至把研究的视野扩大到内部环境和外部环境两个更大的范围。从这一研究思路出发，公平、关系氛围、依赖、共同目标、关系价值、关系利益等因素被纳入关系质量的维度结构中，如 Sanzo 等（2003）、Fynes 等（2005）、武志伟和陈莹（2007）、宋永涛等（2009）等。Johnson（1999）和任星耀等（2009）还对 B to B 领域关系中的机会主义行为给予特别的关注，并将其纳入关系质量的概念框架中。

从上述分析可以看出，在 B to B 背景下的关系质量维度研究视野已经变得非常宽阔，虽然信任、承诺和满意仍然是关系质量最重要的维度，但学者对关系管理、关系利益等方面的因素也给予了更多的关注，并提出了很多关系质量的多维度分析模型。

3. 关系营销领域的关系质量维度

出于对顾客导向的重视，关系营销领域的关系质量维度划分大多是以顾客感知为出发点的。Gummesson（1987）是该领域比较有代表性的学者之一，他提出关系质量是顾客感知质量的组成部分。Morgan 和 Hunt（1994）提出信任-承诺理论，并提出信任和承诺是检验关系程度的重要指标，也是影响买卖关系成功的关键因素，这一理论的提出为后人对关系质量的维度划分提供了重要的演进平台。后来，Henning-Thurau 和 Klee（1997）又将顾客感知总质量纳入关系质量的维度中，用来描述顾客对产品与服务质量的总体感知。近年来，部分学者对关系营销的研究仍然采用目前最有代表性的分析框架，即将关系质量划分为信任、承诺和满意 3 个维度，如 Vesel 和 Zabkar（2010）、蒲国利等（2010）等。

综上可见，一般关系营销领域的学者试图从关系的本质特征出发，提出具有普适性的关系质量维度模型，他们所构建的维度模型各具特色，为后人的研究提供了更为开阔的研究思路，并提供了更为灵活的方法以供参考。

3.1.2　不同研究视角下的关系质量维度

从表 3.1 中可以看出，无论是在服务营销领域、B to B 领域，还是在关系营销领域，对关系质量维度的研究大多是从交易双方中的买方角度进行的。也就是说，尽管交易双方在合作关系中是共同获益的，但现有研究更多的是从顾客角度关注关系质量及其绩效结果的。Smith 和 Barclay（1999）提出，关注合作双方互动的二元数据，能够为合作关系提供更加丰富的理解，从而更充分地展示亲密的企业间关系的本质和动态性。Liu 等（2010）也提出，从关系一方收集的数据仅仅体现单方面的态度、行为和绩效，而不能揭示合作双方关系复杂的本质（如相互依赖性、互动和渠道氛围等），因此，他们通过半结构化深度访谈，随机选择经销商及其指定的制造商先进行小规模测试，然后利用成对的问卷进行调研，通过获得来自中国家用电器业的制造商和经销商的数据进行实证分析。但是，Heide 和 Stump（1995）、Jap（1999）的研究发现，在制造商与其供应商之间，从双方角度研究他们对关系结果的感知，并没有什么区别。Murphy 和 Poist（2000）的研究结果也显示，服务提供者和用户对目前彼此关系的满意度是高度相似的。这说明，在研究中不能找到证据支持关系双方对产出结果的感知存在差异这一论断，因此在物流外包关系中，对于物流服务提供商和客户企业而言，关系质量和绩效结果之间的路径没有显著差异。本书遵循大多数学者的研究思路，从买方的视角探讨物流外包关系质量的维度构成及其对客户企业物流外包绩效的影响。

3.1.3　不同构成要素的关系质量维度

通过对表 3.1 分析后可以发现，如果按照关系质量的关键维度在相关研究中的出现频率进行分类，可以将关系质量的维度划分为 4 类：第一类是关系质量的核心构成维度，即信任、承诺和满意，无论是在服务营销领域、B to B 领域，还是在一般的关系营销领域，它们被大多数学者所认可和采用；第二类是合作、沟通、适应和冲突处理，这类维度使用频率相对较高，但它们更多地出现在 B to B 和供应链关系的研究情境中；第三类是机会主义行为、参与、依赖和投资意愿，这类维度使用频率较低，在整理的已有研究中有些维度只使用了一次，而且多在 B to B 和供应链关系的研究情境下采用；第四类是其他，如对关系连续性的期望、目标兼容性和替代选择的相对水平、感知的产品或服务的质量、感知的互动质量、关系稳定性、客户导向和道德状况、利润等。这类维度使用频率更低，而且非常分散，学者大多根据自身的研究需要来选择。

根据上述对关系质量维度的分类及其使用情境的分析，统计各维度出现的频率如表 3.2 所示。

表 3.2 关系质量关键维度使用频率统计

维度类别 / 研究情境	第一类			第二类				第三类				第四类
	信任	承诺	满意	合作	沟通	适应	冲突处理	机会主义行为	参与	依赖	投资意愿	其他
服务业或零售业（14）	13	9	9	1		1	3		1			3
渠道或供应链管理（44）	36	24	16	11	8	7	5	3		2	1	28
理论研究（5）	3	3	2		1							8

由表 3.2 可以看出，在 14 篇以服务业或零售业为研究背景的文献中，有 13 篇文献采用“信任”作为关系质量的核心维度，各有 9 篇文献分别采用“承诺”或“满意”作为关系质量的核心维度；在 44 篇以渠道或供应链管理为研究背景的文献中，采用“信任”作为关系质量核心维度的文献有 36 篇，各有 24 篇和 16 篇文献采用“承诺”或“满意”作为关系质量的核心维度。在服务业或零售业情境下，各有 1 篇文献采用“合作”“适应”“参与”作为关系质量的维度，有 3 篇文献采用“冲突处理”作为关系质量的维度；在渠道或供应链管理情境下，选择“合作”“沟通”“适应”“冲突处理”作为关系质量维度的文献各有 11 篇、8 篇、7 篇和 5 篇。采用“机会主义行为”“依赖”“投资意愿”作为关系质量维度的文献均出现在以渠道或供应链管理为研究背景的文献中，采用频率均较低。根据上述分析，我们可以做出以下推论。

第一，无论是在服务业或零售业情境中，还是在渠道或供应链管理领域，“信任”“承诺”“满意”都是关系质量的核心维度。相比之下，在服务业或零售业情境中对“信任”“承诺”“满意”的关注更多，在一些情况下，还包括“适应”“冲突处理”“参与”，部分学者还倾向于将“信任”“承诺”或“冲突处理”分解为子概念进行研究。但是，在渠道或供应链管理情境中，由于合作关系更具长期导向性，因此本书认为“信任”“承诺”比“满意”更重要。

第二，在渠道或供应链管理情境的研究中，除了“信任”“承诺”“满意”仍然是关系质量的 3 个关键维度外，学者大多认为有必要根据研究需要关注一些其他维度。尽管他们在各自的研究中并没有做出比较统一的维度界定，采用的维度十分多样化，且比较分散，但是综合来看，学者经常考虑的维度选择包括“合作”“沟通”“适应”“冲突处理”“机会主义行为”“依赖”“投资意愿”等。

第三，关系质量的维度构成存在差别的原因不仅在于研究情境的不同，更重要的是，学者在不同的研究情境中关注的因变量是有差别的。在服务业或零售业情境中，顾客行为常常是因变量，表现为顾客忠诚、顾客保留等，因此学者比较关注关系质量维度中的一些人际关系特征如何影响这些顾客行为，或者研究关系质量在关系价值影响顾客行为中的中介作用；而在渠道和供应链管理情境中，组织合作行为或绩效更多地被作为关系质量的因变量进行研究。因变量不同，研究的思路也会有所差别。以顾客行为作为因变量，自然要遵循“期望—价值—态度—行为”这一研究思路，而“信任”“承诺”“满意”原本就是来自心理学和社会学领域的态度构念，这种态度会影响顾客的行为表现；以关系行为或绩效作为因变量的组织间关系研究，遵循的是“关系状态—关系行为—绩效”的研究思路，因此，“合作”“沟通”“适应”“冲突处理”“机会主义行为”“依赖”“投资意愿”等能够体现关系互动性特征的构念自然就会较多地成为关系质量的构成维度。

3.1.4　物流外包关系质量的结构维度

通过上述分析可以发现，学者根据自身的研究目的和需要提出了多样化的关系质量多维度分析模型，而且这些维度在不断增加。不可否认，这些研究对于丰富关系质量的维度结构做出了重要的贡献，但由于维度划分过多过细，也影响人们对关系质量本质的把握，同时造成理解上的困难。目前的情况是，信任、承诺与满意是学者公认的 3 个核心维度，除此之外，关系质量的维度结构多数围绕人际关系特征（服务营销）、关系管理（B to B）与感知质量（一般关系营销）等方面来构思。从对文献的分析中可以看出，关系质量的维度结构并不存在具有普适性的一般模型，具体维度的选择应根据涉及的研究情境来决定。正如 Naudé 和 Buttle（2000）所言，广泛的情境因素决定关系质量的不同，而对于哪些因素对高质量关系具有决定作用存在不同的观点，关系质量的维度应该根据研究的不同行业来具体选择。综合上述分析，本书是在物流外包情境下从客户企业的视角出发，聚集 B to B 研究领域，采用不同构成要素的分析方法对关系质量进行测量的。

通过对渠道中的组织间关系的实证研究，一些学者发现许多在关系研究中最常用的变量对于物流和供应链管理的研究也是非常适用的。Križman（2009）也提出，在物流外包过程中解释关系维度的变量来自关系营销领域。表 3.1 中的大多数研究在实证研究方面是严密的，但是这个研究领域非常宽泛，还没有被普遍接受的框架。唯一被学者普遍认同的是，信任、承诺和满意在构成关系质量的因素中占据主导地位。因此，学者利用信任、承诺和满意（3 个或少于 3 个）来测量关系质量，并在不同情境下进行实证检验。尤其是关系双方的彼此信任和承诺是关系质量的两个重要维度。作为关系营销的两个核心概念，信任和承诺反映了合作伙伴对参与关系的积极情绪。信任和承诺也是建立、发展和保持良好的企业间关系的重要因素。缺少信任和承诺的合作伙伴关系是不可能存在的。信任和承诺的概念已经被广泛地应用于组织间关系的研究中。除了信任和承诺，很多学者提出关系研究中应包含的其他变量的选取有赖于其适应性和给定的环境。

通过广泛系统地分析整理国内外与关系质量相关的研究资料，考察关系质量的构念如何发展而来，对比分析以往学者对关系质量关键维度的研究，总结归纳前人的研究成果和结论，本书认为物流外包情境下的关系质量可以这样构成：首先，物流外包情境下的关系双方是企业组织，因此，客户企业与物流服务提供商的关系本质上是 B to B 关系，考虑到双方长期合作的基本特征，本书在研究中采用信任和承诺作为物流外包关系质量的前两个维度。其次，参考渠道和供应链管理情境下的相关研究，考虑本书以物流外包绩效作为因变量，因此采用依赖、专用性投资、感知的机会主义行为 3 个能够体现关系互动特征的维度。最后，考虑到当前第三方物流业的竞争激烈，客户要求较高，创新对物流外包的成功至关重要。Deepen 等（2011）和 Wallenburg 等（2010a）在对物流外包的研究中都提到了创新，他们将其称为积极主动的改进，即物流服务提供商旨在改善客户物流流程，提高客户服务水平方面所采取的主动行动。因此，本书在研究中还增加了创新这一维度。这样，物流外包情境下关系质量的结构维度就由信任、承诺、依赖、专用性投资、感知的机会主义行为和创新 6 个维度组成，并将其作为本书模型的参照。

1. 信任

信任在关系质量研究领域中是一个常用的概念，被广泛地认为是一个基本关系模型的基石，因此在大多数关系模型中包含信任，并将其作为健康的企业关系的必需和决定因素。一般而言，关系的强度和质量依赖信任水平的情况，信任水平越高，关系就会越强。信任水平高的关系显示的不确定性水平较低，这意味着客户感知的对方的机会主义行为导致的风险水平也较低。由于交易不透明、需求未被满足，以及没有维护交易秘密等原因，关系双方之间缺乏信任，这极有可能产生负面的影响。尽管大多数管理者很难准确地定义信任，但是他们知道信任存在于合作伙伴关系中。信任已经成为解释组织间合作和长期关系的一个关键的社会变量。

关于信任的相关研究数量庞大，信任的定义也是众说纷纭。有学者将其定义为关系一方对另一方行为的信任或反映关系一方易受另一方影响的行为。在 Doney 和 Cannon（1997）的研究中，买卖关系中的信任被定义为对某一个信任目标感知的可信度和善行。在组织情境下的很多研究仅仅关注可靠性的方面，Anderson 和 Narus（1990）将工作伙伴关系中的信任定义为一家公司相信另一家公司会采取能够为本公司带来积极结果的行动，而不会采取可能给本公司带来消极结果的未预期的行动。

在物流外包行业中，信任也被作为交易关系的一个至关重要的变量，是成功的物流外包关系的基础之一。Ellram 和 Cooper（1990）提出，成功的物流外包关系需要合作双方对关系具有建立在相互信任、忠诚和信息共享等基础上的长期导向性，这种长期导向以相互信任、相互协作、相互依赖等为特征。当客户企业信任其物流服务提供商，客户企业就会更加关注未来的情况，并期望当前面临的任何妥协或发生的任何费用，都会在未来被物流服务提供商补偿，因此发展这种关系就存在利益。Hofenk 等（2011）研究发现，无论是对于物流服务提供商，还是其客户企业，信任对关系有效性而言都是最重要的方面。本书理论框架中的信任，是指制造企业对物流服务提供商的信任。根据 Hofer 等（2009）的观点具体而言，即制造企业相信物流服务提供商拥有与其提供的服务相关的知识，并且相信一旦出现新的情况，尽管物流服务提供商并没有做出承诺，但其仍有意图和动机做出对客户有益的事。

2. 承诺

承诺也是一个用于买卖双方关系研究的常用变量。Anderson 和 Weitz（1992）的研究中把长期导向描述为承诺，是指关系双方渴望建立一种稳定的关系，并愿意为关系的长期持续做出牺牲，同时对关系的稳定充满信心。在这种承诺中，关系双方共同工作以满足客户需求，并提高彼此的盈利能力。他们提出，亲密关系的创造需要双方为关系奉献资源并承担风险，而做出这些牺牲的意愿使企业能够实现长期利益。缺乏承诺不仅会降低双方的财务绩效，还会危害关系的长期潜力。因此，承诺是使关系得以延续的意向。

有关承诺的定义说法很多。Dwyer 等（1987）将承诺定义为交易伙伴做出正式或非正式的誓约，为实现关系的延续提供内在或外在的保证。Morgan 和 Hunt（1994）提出，承诺是指关系一方认为与另一方保持长期的关系非常重要，因此愿意为维系这种关系尽最大的努力。以后的学者在对承诺进行研究时大多采用这一定义，即关系双方长期许诺会实现合作的要求或目标，并保证为实现关系的持续，在资源、时间等方面投入最大的努力。后来的学者还定义了各种类型的承诺，其中情感性承诺和算计性承诺出现的频率最高，这两个概念对于组织间关系也是相关度最高的。王强和储昭昉（2012）将承诺定义为关系一方愿意为关系的继续付出努力的程度；宋喜凤等（2013）将 IT 外包关系中的承诺定义为发包方与接包方的承诺保证。本书理论框架中的承诺是指在物流外包关系中，制造企业与物流服务提供商之间发展和维持稳定的、长期的双边关系的一种态度。

3. 依赖

根据社会交换理论，权力失衡之所以存在是因为一方对另一方的依赖使一方指挥另一方行动成为可能。一方对另一方感知的依赖水平被认为是关系的一个重要特征。在任何一对关系中，双方在某种程度上都是依赖这种关系的。当关系的一方无法完全控制所有对获取期望产出必要的条件，但这些条件被关系的另一方所拥有时，依赖便存在。Frazier（1983）、Rusbult 和 Van Lange（2003）将依赖定义为关系一方对另一方保持关系以实现期望目标的需求的感知，并将其作为关系量级的维度。在营销渠道领域，依赖是指渠道成员一方需要与另一方维持交换关系以实现自身目标的心理与行为状态。

依赖也是供应链合作关系的一个重要维度。赵天智和金以慧（2004）提出，物流依赖是依赖的一种形式。在物流外包关系中，客户企业对物流服务提供商的依赖是指客户企业需要维持与物流服务提供商的合作关系以实现其商业目标。资源依赖理论认为，这种依赖来自两个方面：替代选择的不可获得性和第三方物流的重要性。本书理论框架中的依赖，是指制造企业需要维持与物流服务提供商的合作关系以实现其经营目标的心理与行为状态。

4. 专用性投资

专用性投资的概念来自交易费用理论，是指企业为了特定的贸易伙伴或交易关系所做出的持久性投资，这些投资是高度专业化的、不容易重新配置的，因而在其他的关系中几乎是没有价值的。如果关系终结，这些专用性投资（货币投资、培训和设备等）不可能被恢复，做出投资的一方将遭受巨大的沉没成本。由于专用性投资是专门用于某一关系的特定资产，与一般的通用资产相比具有异质性、不完全可模仿性、不完全可替代性及稀缺性等特点，因此具有更大的创造价值能力，能够为渠道成员带来超常的价值，成为企业竞争优势的源泉。Ghosh 和 John（1999）、Jap（1999）提出，专用性投资是一种实际可见的承诺行动，它使合作关系长期稳定，能够提高合作效率，降低合作成本，提升合作绩效，为渠道成员带来更多的利益。

在营销渠道及其他组织间关系中，专用性投资是广泛存在的，如专业的设备和工具、销售人员的技能培训、经验知识等。物流专用性投资是指物流服务的供给方和需求方为了满足双方的合作需要而进行的有针对性且高度专业化的有形和无形投资，有形投资包括物流基础设施、设备等资产的投入，无形投资则包括人力培训、销售渠道、信息网络等方面的投入。在物流外包关系中，这样的投资可能包括关系一方仓储人员的培训、新仓库的修建，或者为一个特定合作伙伴的库存控制方面提供的信息服务等。本书理论框架中的专用性投资，是指制造企业和物流服务提供商为了满足双方合作需要或强化合作关系而进行的有形和无形投资。

5. 感知的机会主义行为

Williamson（1975）将机会主义行为定义为在交易过程中非诚信地通过欺诈和信息隐瞒等手段寻求获取自身利益的行为，其本质是以联盟与合作伙伴的利益损失为代价的企业自利性行为，后来的学者大多采用这一定义。在此基础上，

Wathne 和 Heide（2000）对机会主义行为进行更为细致的界定，即将机会主义行为分为故意的机会主义行为和合法的机会主义行为两个方面，前者是指有意或消极隐瞒重要信息、逃避义务的行为；后者则是指不遵守契约规定、契约到期的松绑、投资特定资产等投机性行为。实际上，多数学者在研究中采用的是合法的机会主义行为构念。例如，Das 和 Rahman（2010）、张婕（2011）提出机会主义行为是指联盟一方有意识地采取的钻合同空子、违背契约等投机性行为，这些行为以获取自身利益最大化为目的，但导致合作伙伴的利益受损。刘晓峰（2006）研究的争议性行业行为实际上也属于机会主义行为，这种机会主义行为发生在供应链成员间的商业交往过程中，具有道义上的不合理性及隐蔽性的特点，具体包括 3 种形式，即质量方面的行为、交货过程的行为和一方利用另一方对其依赖性的行为。

感知的机会主义行为是与合作关系本身相关的概念，关注的是关系双方在互动过程中不遵守合作精神和不履行合作承诺的可能性。刘益和曹英（2006）提出，感知的机会主义行为产生于关系一方对另一方理性不合作的判断，即关系另一方是否在可能的情况下存在为追求自身利益最大化而不惜牺牲合作伙伴利益的动机。任星耀等（2009）将感知的机会主义行为作为可以衡量渠道成员间关系氛围负面程度的指标，反映的是弱势方对强势方市场产生的负面观感。也就是说，这种机会主义行为可能是一种人的主观感知，未必是一种客观存在。本书所探讨的是感知的机会主义行为，是指在物流外包关系中，制造企业对物流服务商机会主义行为的主观感知。

6. 创新

市场全球化驱使企业寻求新的创新方式。但是，提及创新，人们首先关注的是技术创新，而不是服务创新。Rogers（1995）将创新定义为一种被个人或其他采用的单位感知为新的思想、行为或目标，如新产品、新服务、新技术、新的管理方法等。也就是说，创新意味着新思想、新产品或新服务的产生、接受和实施，它可能在任何服务系统或流程内发生。

如何理解物流外包过程中的创新是至关重要的。Langley（2010）的调查显示，物流服务提供商可能欠缺积极主动的创新行为。他在一项全球物流外包调查中发现，大部分第三方物流客户反映物流服务提供商提供的服务缺乏持续的改善，这被认为是物流服务提供商普遍存在的一个问题。尽管客户企业一般认为其物流外包关系是成功的，但也有越来越多的客户企业提出，物流服务提供商并没有为其提供充分的创新性思想，以提高其运作的有效性。客户企业对物流服务提供商在外包协议内持续提供创新和进行优化有明确的期望，因为客户企业越来越需要更有效的物流解决方案，以提高其为客户提供的价值并保持自身的竞争地位。

物流外包关系本质上具有战略性，它是指利用合作伙伴的能力提高自身的竞争地位。对于客户企业而言，这其中也包括利用物流服务提供商的创新能力对物流解决方案进行充分改善并加以实施。大多学者在最初对物流外包关系的研究中提到创新，他们将其称为积极主动的改进。Wallenburg 等（2010b）提出，在长期持续的关系中进行的创新也可以称为改进，因为这种创新是针对已经存在的服务的行为，具体可以分成两类：一是根据客户需求进行的反应性改进；二是物流服务提供商积极主动的改进。积极主动的改进是指在假定潜在的创新有益于客户的情况下，物流服务提供商积极主动地改进其提供给特定客户的服务。大多数物流服务提供商倾向于改变其向客户提供的服务，但基本上只是对客户需求的一种反应性改进，而不是由物流服务提供商积极主动进行的。尽管 B to B 的相关研究强调满足客户不断变化的需求的重要性，但是，仅仅对用户需求做出反应性改进的物流服务提供商很可能失去改善客户关系的机会。例如，客户越来越需要物流服务提供商设计解决方案，期望利用物流外包驱动服务创新，为客户企业提供改善服务的建议，使客户随时了解新出现的技术或概念等。在对几个物流服务提供商进行案例研究过程中，Flint 等（2005）也发现，客户企业期望物流服务提供商在服务过程中持续驱动创新以增加其为客户创造的价值。

学者对积极主动的改进这一概念的关注与物流外包行业具有很强的管理相关性。考虑到当前第三方物流业的竞争激烈，客户要求较高，创新对物流外包的成功至关重要，因此，积极主动的改进被认为是物流外包关系的一个重要方面，对物流服务提供商实现客户满意度并保持客户关系具有潜在的影响。物流外包关系已经进化为长期的交换关系，而不是简单的现场交易。物流外包关系的长期性质潜在地允许物流服务提供商采取那些在短期交易中不能得到回报的行动。但是，物流服务提供商创新的义务不可能在事前指定，因为在未来究竟提供什么类型的创新可能是有益的，以及哪种改进对客户企业是可用的，这些都是不确定的。因此，物流服务提供商在合作关系内进行的创新通常都是自愿的。基于此，物流外包的成功从根本上依赖物流服务提供商采取特定行动的能力，以及积极主动的改进与客户需求相互协调的能力。可见，物流服务提供商的创新具有相当的潜力，但是至今为止，无论是理论层面还是实践领域，这一问题仍普遍被忽视。根据 Rogers（1995）的观点，本书认为，物流服务提供商积极主动的改进可以被看作是创新，因为这些改进相当于被客户感知的新思想、新流程或新服务。本书理论框架中的创新则采用了 Wallenburg 等（2010a，2010b）的定义，是指物流服务提供商旨在改善客户物流流程，提高客户服务水平方面所采取的积极主动的行动。

综上所述，本书提出的物流外包关系质量是一个多维构念，包括信任、承诺、依赖、专用性投资、感知的机会主义行为和创新 6 个维度。这个理论模型既坚持了统一的标准，即始终坚持关系质量是客户对于企业实现其需求、期望和目标程度的感知这一基本内涵，又在物流外包情境下明确区分了关系质量这个多维构念的细分维度，为后续的研究奠定了扎实的理论基础。

接下来，本书将通过深度访谈，从实践角度更广泛而深入地识别企业对物流外包关系质量的理解，获得更多的信息，对通过文献分析形成的物流外包关系质量的结构维度进行初步验证。而且，鉴于测量题项是否有效将对理论假设的准确性和恰当性造成直接影响，本书还将进一步检验问卷的信度和效度。在此基础上利用 SPSS、AMOS 统计分析软件，对问卷调研数据进行实证分析，从而最终确定适合我国国情特点的物流外包关系质量测量框架体系。

为了使研究内容更加清晰，本书对物流外包情境下关系质量结构维度各变量的符号进行设定，具体如表 3.3 所示。

表 3.3　物流外包情境下关系质量结构维度各变量的符号设定

变量	符号
关系质量	RQ
信任	RQ_1
承诺	RQ_2
依赖	RQ_3
专用性投资	RQ_4
感知的机会主义行为	RQ_5
创新	RQ_6

3.2　关系质量对物流外包绩效影响机制的理论模型

3.2.1　理论模型总体构思

从管理的角度而言，评价关系质量的绩效结果要比关系质量本身更有趣，这方面的研究也是非常需要的。大量不断增加的研究也证明构建高质量的企业关系能够给合作双方带来的各种优势。但是，学者大多倾向于在不同情境下研究关系质量对绩效的直接影响，采用简单双变量的研究模型，具体如图 3.1 所示。他们往往对关系质量的前置影响因素给予较多的关注，探讨这些因素如何通过提升关系质量，进而影响企业绩效。外包领域的研究同样如此，学者关注的是企业从外包关系中获得的利益，并将其作为关系的绩效结果。

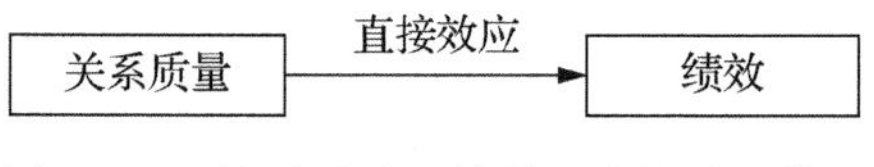

图 3.1　“关系质量—绩效”直接效应模型

物流外包不仅仅是将物流活动从一方转移到另一方，更重要的是管理客户企业与物流服务提供商的合作伙伴关系。企业通过与物流服务提供商建立长期合作关系，可以在此过程中降低风险，提高效率，提高盈利能力，并为客户提供更好的服务。关系越亲密，绩效水平越高，这虽然已是多个研究领域普遍认同的观点，但是对物流外包关系带来的期望利益还需要进一步的实证检验。

根据对相关研究结论的整理，关系质量与物流外包绩效可能存在正相关，但是从动态的角度来看，企业更关注的是关系质量是如何影响物流外包绩效的，两者之间除了直接关系外，是否还可能存在间接的影响呢？如果存在，那么中介变量又是什么？为了回答这些问题，本书形成了图 3.2 的构思模型，构思的重点在于分析关系质量影响物流外包绩效的中间转换过程。中介变量的加入，有助于我们更加深入明了地理解物流外包情境下关系质量导致绩效增长的转化途径，挖掘“黑箱”内部的作用机理。

图 3.2 “关系质量—物流外包绩效”间接效应模型

但是，研究关系质量与物流外包绩效中间转换路径的文献还很少。与之相关的文献要么是在营销渠道领域基于其他情境的研究，要么是从关系质量的细分维度出发，研究各维度之间的相互关系，而直接研究两者之间中介效应的文献很少。因此，本书认为制造企业与物流服务提供商在合作过程中表现出的互动行为很可能影响物流外包的绩效结果，而且，在诸多西方营销渠道关系的研究中，关系质量各维度对关系行为的影响路径也已经得到检验。那么，物流外包双方之间的关系质量是否会影响双方在此过程中的行为，进而对客户企业的物流外包绩效产生影响呢？在“关系质量—物流外包绩效”的研究框架中，关系行为是否可能扮演了中介变量的角色，这个问题需要进一步深入研究。

我们发现，从直接关系视角虽然可能分析出物流外包关系质量的绩效结果，但目前缺乏实证检验，而且相关研究也没有揭示关系质量可能导致物流外包绩效增长的中间转化途径。为更加全面地体现关系质量对物流外包绩效的影响，本书综合两种研究视角，并对相应的要素进行整合，一方面验证关系质量对物流外包绩效的直接影响；另一方面将中介变量引入研究框架，对关系质量与物流外包绩效的关系进行更为深入系统的阐述。基于上述思路，本书构造以关系行为作为中介变量的关系质量对物流外包绩效影响的整合模型，具体如图 3.3 所示。在这个模型中，一方面关系质量直接影响物流外包绩效；另一方面关系质量显著影响关系行为，而关系行为直接影响物流外包绩效，因此关系质量间接影响物流外包绩效。也就是说，关系质量对物流外包绩效的影响同时存在直接效应和间接效应两种情形。

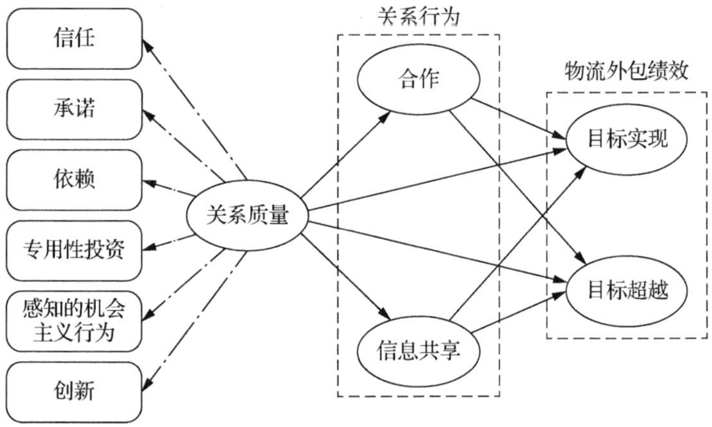

图 3.3　“关系质量—关系行为—物流外包绩效”整合模型

图 3.3 是本书研究的总体模型，其中关系质量、关系行为、物流外包绩效是 3 个核心构念，它们又分别由不同的维度构成，关系质量包括 6 个维度，分别是信任、承诺、依赖、专用性投资、感知的机会主义行为和创新（虚线箭头表示该构念的维度构成）；关系行为包括 2 个维度，分别是合作和信息共享；物流外包绩效包括 2 个维度，分别是目标实现和目标超越。图 3.3 中的实线箭头表示构念（维度）之间的影响路径，即第 4 章和第 5 章提出研究假设并进行实证检验的部分。

3.2.2　关系行为的两维度模型：合作与信息共享

尽管已有相当多的研究对关系行为给予高度关注，但作为一个多维度概念，其维度划分仍然存在争论。学者在研究中对关系行为的操作化不尽相同，他们往往会根据研究目的和需要选择一种或几种关系行为进行探讨，而不是关注所有的关系行为。例如，Izquierdo 和 Cillán（2004）在研究产业市场的长期交易关系时，提出关系行为由长期导向、团队意识、合作和交流 4 个维度构成。Yilmaz 等（2005）、Sezen 和 Yilmaz（2007）提出关系行为包括灵活性、信息交换和团结 3 个维度，他们利用土耳其汽车经销商的相关数据，研究了信任、依赖对长期渠道关系中关系行为的影响。寿志钢等（2008）选择生产消费品的供应企业为研究对象，利用 389 份问卷调查所得数据，分析了情境信任、善意信任、能力信任对关系行为的直接影响和交互效用。他们将关系行为划分为两种：一种是主动的、预先的关系行为，以合作为典型构念；另一种是被动、反应型的关系行为，以依从为典型构念，两者不会相互重叠。综上可见，根据不同的研究情境，学者对关系行为的维度，以及成功的关系预期行为的结果并未达成共识。我们整理汇总了相关研究从不同角度的部分研究成果，具体如表 3.4 所示。其实，这些研究并不矛盾，因为关系行为并不是存在于“真空环境”中的，只有在特定的交易环境中对它进行操作才有意义。

表 3.4 关系行为维度及输出结果的部分研究汇总

文献来源	维度	输出结果	研究角度
Noordewier 等（1990）	供应商灵活性、供应商协助、供应商信息共享	采购绩效：成本最小	买方
Zajac 和 Olsen（1993）	初步交流与协商、信息交换、联合	创造价值	双方
Lusch 和 Brown（1996）	灵活性、信息交换、团结	批发商-经销商绩效	买方
Nielson（1998）	业务合作、信息共享	供应商伙伴利益：订单量、市场份额、利润率	卖方
Hewett 和 Bearden(2001)	依从、合作	财务绩效	子公司
Zhao 等（2002）	信息共享、供应链协调运作	采购绩效：供应商服务水平	双方
刘盼（2010）	合作、信息共享	新产品扩散绩效	卖方
严兴全等（2011）	合作、灵活性、口碑、正式控制、默许、机会主义行为	关系绩效	买方
黄秋萍等（2014）	依从	采购绩效、运营绩效	买方

资料来源：作者根据相关研究整理而成。

可见，关系行为的相关研究大多出现在供应链或组织间关系研究领域，学者的研究角度虽然各有不同，但他们一般关注的关系行为的研究内容主要有两个：一个是企业间活动的协调，另一个是企业间资源的共享。在刘盼（2010）的研究中，关系行为的维度只涉及合作与信息共享。根据她的观点，企业间活动的协调属于行为维度上的内容，而资源的共享则属于资源维度上的内容，前者以合作为典型构念，后者则以信息共享为典型构念。在表 2.1 列举的 Ivens 给出的 10 种 B to B 关系研究中主要的关系行为中，信息交换（共享）被包含其中，而合作也部分地兼有长期导向、计划、互惠、团结等行为的特征，可见合作和信息共享一直是供应链及组织间关系研究中处于关注焦点的两种关系行为，因此本书采纳这一观点，将物流外包情境下双方的关系行为划分为合作和信息共享两个维度。

1. 合作

合作是政治经济学框架和交互模型的一个关键方面。早期的研究提出，合作不仅仅是冲突的对立面，它更是关系各方之间共同努力、团队精神及协作的程度。合作反映关系一方期望另一方执行的任务集合，在分销渠道的协调中发挥着中心作用。合作蕴含两个方面的含义：一是“business cooperation”；二是“joint working”。相比之下，虽然前者在内容和范围上更加丰富和广阔，但后者在研究上的可操作性更强，因此本书中的合作指的是“joint working”，即制造企业与物流服务提供商之间为实现共同的目标齐心协力解决问题。

对合作的定义表述有很多。Anderson 和 Narus（1990）提出，合作是关系双方为实现合作收益而配合或参与对方活动的行为。企业之间通过相互牵制的协调行为，使彼此能获得互利的结果。Ring 等（1994）将合作视为关系双方为达成互惠而进行的互动过程，而且是一种连续性的、动态的，也是异中求同的过程。Smith 等（1995）的观点与此类似，他们将合作定义为一种为得到共同利益的心理关系，这种心理关系是由个人或团体在互动过程中形成的。Doney 和 Cannon（1997）认为，合作是致力于合作伙伴关系的企业对于产出所做出的补充性的协调行动，这种产出可能是相互的，也可能是单边的。Buckley 和 Casson（1998）则明确提出，合作是通过发挥相互协调的作用，以及资源方面的相互分配来达到理想的改善状况，从而实现双赢的行为。因此，从行为和目的上来看，简单而言，合作就是伙伴企业为减少冲突，致力于共同制定决策和解决问题，即为实现某些目标而采取联合与协调的行动。在 B to B 合作伙伴关系中，这些联合行动可以表现在很多方面，如技术开发、产品设计、成本分析、质量控制、物流系统设计、长期发展规划等。Heide 和 John（1992）的研究表明，合作伙伴之间的共同努力，尤其是在执行与计划层面的共同努力，不仅是关系型交易的重要组成部分之一，还是合作伙伴关系成功的关键要素。只有当共同活动的程度不断提高和范围不断增大时，企业才能更有效地成为联盟中的伙伴。Deepen 等（2008）在研究物流外包关系时，特别强调合作具有积极主动的本质，从而拓展了合作的内涵。本书理论框架中的合作指在制造企业和物流服务提供商的业务关系中，双方为实现彼此的产出或目标致力于共同制定决策和解决问题所采取的相似或互补的协同行动。

2. 信息共享

Heide 和 John（1992）将信息共享定义为关系双方自愿、积极地为彼此提供有用信息的期望，他们提出，企业经营活动的很多方面需要关系双方高度的信息共享，尤其在运输、仓储、重新包装、库存管理等物流服务方面。进一步地，Mohr 和 Spekman（1994）将信息共享定义为企业与其合作伙伴就关键性且通常是专有的信息进行沟通的程度。这些信息涉及的范围很广，甚至包括在产品设计等早期阶段的信息、共同预测的供求信息、敏感的成本信息、企业未来的发展规划等。Rai 等（2006）提出供应链成员间共享的 3 种信息类型：运作信息共享、策略信息共享和战略信息共享。其中，运作信息共享涉及在一定程度上优化供应链中与生产相关活动的物料流、部件流、成品流管理。例如，通过更好地协调供应链中的资源、业务和角色分配，生产和配送信息能够被供应链成员所共享以提升运作效率。策略信息共享允许合作伙伴为了在某种程度上提升决策质量的活动协调来管理决策流。战略信息共享则存在于群体成员所使用的信息以一种战略方式用于获取竞争性价值，并进一步形成供应链合作伙伴关系，对行业结构产生战略性影响的行为。参考上述观点，本书将理论模型中的信息共享定义为制造企业与物流服务提供商在业务合作过程中，积极自愿地为彼此提供关键性的、通常是专有的，但是对彼此有用信息的程度。

为了使研究内容更加清晰，本书对关系行为两维度模型中涉及的各变量进行符号设定，具体如表 3.5 所示。

表 3.5 关系行为两维度模型中各变量的符号设定

变量	符号
关系行为	RB
合作	RB_1
信息共享	RB_2

3.2.3 物流外包绩效的两维度模型：目标实现与目标超越

企业之所以进行外包，是因为外包能够带来绩效增加，物流外包也是如此。物流外包绩效具有复杂的本质，必须以一种多维的方式进行度量，以体现多元利益相关者及其利益。因此，物流外包带来的绩效提升必须通过指标进行实证的定量研究，但极少有学者提出物流外包绩效度量的指标，即使这些指标被提出，也没有给出选择的理由。在既有研究中，利用自我报告或主观感知的“软数据”度量物流外包的绩效，在物流外包研究中占据主导地位。

在外包绩效的度量方面，财务绩效一直是用来衡量外包是否成功的最常用指标，在早期的研究中，甚至只采用财务指标作为唯一的度量标准。Krishnan 和 Moyer（1997）将财务指标分为规模和效率两大类，其中，规模主要涉及企业的产出，包括销售额、产量和利润等指标；效率主要指收益率。Gilley 和 Rasheed（2000）主张采用非财务指标，主要包括产品质量、企业的竞争力、企业创新水平等。在此基础上，后来的学者根据研究的需要，采用的外包绩效度量方法也不尽相同。King 和 Malhotra（2000）从短期绩效、中期绩效和长期绩效 3 个维度讨论了一般意义上的业务外包绩效。Stank 等（2003）提出了一个包括运作绩效、关系绩效和成本绩效 3 个维度的构念模型。他们提出，客户企业对物流外包业务是否满意受到这 3 个维度的直接影响，而且关系绩效对企业运营改善和成本降低具有正向影响，而关系绩效包括与物流服务提供商的合作质量。Ariño（2003）也提出了度量物流外包绩效的三层次模型，包括财务绩效、运营绩效和组织效率，这 3 个层次体现了物流外包效果的实现程度。组织效率是其中最具综合性的层次，它不仅可以描述物流外包关系目标的实现程度，还考虑到物流外包关系中双方或多方的利益。Knemeyer 和 Murphy（2004）则将物流外包绩效分为运作绩效、渠道绩效和资产降低绩效 3 个维度，并将它们分解为 17 个具体的度量指标。他们在后续的研究中从关系营销的角度出发，利用客户推荐、客户保留、服务恢复及绩效改善 4 个维度来度量物流外包关系双方的绩效结果，其中绩效改善维度描述的是客户企业对于物流服务提供商改善其物流绩效的感知。

Deepen（2007）在针对物流服务提供商和客户企业的外包关系研究中提到，外包合同目标的实现与度量绩效是相关的。从这个角度而言，不仅实现之前设定的目标是重要的，而且提供服务的质量也是很重要的。物流服务提供商能够通过超越客户期望传递更好的服务和更高的附加价值，以超越之前设定的目标。他提出，物流外包绩效需要操作的最佳化，即需要实现企业及其物流服务提供商达成一致的期望目标，因此不能仅仅通过目标实现这个概念来度量，还必须考虑物流服务提供商是否通过客户导向、创新和积极进取，创造了附加价值。因此，他提出物流外包绩效包括两个不同的维度：目标实现和目标超越。这里提到的目标通常要在合作伙伴间达成一致。他相信，为了实现高水平的物流外包，在目标实现的同时，还必须实现企业在服务改进、成本降低方面的目标超越。尽管这是一种分解物流外包绩效的新方法，但与该领域之前的研究并不矛盾。

尽管以上这些物流外包绩效度量方法的焦点不同，分解战略不同，但它们都提出物流外包绩效的研究本身就是一个非常复杂的问题。在这种情况下，本书采纳 Deepen（2007）的研究思路，将物流外包绩效定义为客户企业对于物流服务提供商为其带来的针对物流功能外包的价值感知，并将其作为一个两维度的结构变量，这两个维度分别是目标实现和目标超越。

1. 目标实现

目标实现是物流服务提供商为了满足客户需求必须实现的最低条件，它是指通过物流外包至少要实现关系双方在签订合同时事先设定的目标，体现了实现预期目标的绩效。但是，这些目标的实现仅仅是外包对于企业取得成功潜在贡献的一部分，提供显著超越期望水平的充分的服务也会增加客户的利益，并且显示出积极的行为结果，如重复购买和推荐。因此，通过物流服务提供商实现已建立的目标与满足现有的期望是一致的，而显著超越目标和期望则为客户创造了未预期的附加价值。这种附加价值不仅由绩效的优越性引起，还归因于物流服务所嵌入的外部环境的变化，这种变化要求提高绩效以对客户需求进行动态调节。

2. 目标超越

在服务领域的研究中，与目标超越的内涵一致的概念是顾客惊喜。很多研究强调了满足顾客期望、顾客满意和顾客惊喜这 3 个概念的区别。顾客惊喜被认为显著超越满足顾客期望和顾客满意，可以带来更大的顾客忠诚，并且为服务提供商带来由顾客忠诚所驱动的利益。尽管惊喜是一个与满意相关的概念，但两者有明显区别，惊喜并不意味着较高水平的满意，对客户而言，惊喜来自未预期的绩效或者与其相关的方面。

尽管与顾客惊喜相关的研究都是在 B to C 情境下加以研究的，但它也适用于 B to B 情境。因此，Deepen（2007）提出，如果物流服务提供商通过客户导向、创新和积极主动而具有创造性，在服务质量和服务成本维度的价值就会增加，客户的期望不仅因此而得到实现，还可能被超越，并将目标超越作为物流外包绩效的第二个维度，以描述客户企业对于物流服务提供商在外包物流服务过程中所带来的价值是超越签订外包协议时的预期的感知，体现了超越预期目标的绩效。

这里需要指出的是，在物流外包过程中，物流服务提供商为客户企业所带来的预期目标的实现与预期目标的超越不是两个相互独立的过程，而是测量物流外包绩效的两个密切相关的维度。物流服务提供商在以服务改善和成本降低方面提供更高水平的“目标超越”的同时，改善的“目标实现”必须先被实现。

为了使研究内容更加清晰，本书对物流外包绩效两维度模型中的各变量进行了符号设定，具体如表 3.6 所示。

表 3.6 物流外包绩效两维度模型中各变量的符号设定

变量	符号
物流外包绩效	LOP
目标实现	LOP_1
目标超越	LOP_2

3.2.4 关系质量与物流外包绩效的关系

在理论模型总体构思部分，我们认为关系质量的信任维度、承诺维度、依赖维度、专用性投资维度、感知的机会主义行为维度和创新维度对物流外包绩效具有显著的正向影响。具体来说，高质量的企业间关系会为企业带来更多的竞争优势与更好的绩效（Narasimhan and Jayaram，1998；Uzzi，1997）。根据 Fynes 等（2005）的研究结果，高水平的关系质量更加强调质量和物流，因此，关系质量对客户企业的质量绩效和生产绩效均具有正向的影响。张哲（2011）利用我国制造企业问卷调查数据进行实证研究的结果也得到相似的结论。

关系质量也是影响外包关系是否成功的重要因素。企业从外包关系中获得的利益倾向于关注企业感知的绩效改善，并将其作为关系的结果。相关研究中关于关系质量对物流外包绩效影响的实证研究还很少，可以借鉴的研究大多来自业务外包、资源外包、流程外包、IT 外包等研究领域。Smith（1998a）提出，当外部环境发生变化时，发包方和接包方之间高质量的战略关系，不仅可以提高双方的信任度和紧密联系程度，还能够维持双方的共同利益，进而提升外包绩效。Lee 和 Kim（1999）的实证研究结果也表明，外包服务商的组织内关系协调能力能够通过提高关系质量而最终影响外包成功。Sargent（2006）提出，良好的合作伙伴关系有助于提供稳定的服务水平，能够使外包双方实现仅靠自身努力而无法达成的目标，建立起各自的竞争优势，最终导致外包成功。曹卓琳和杜荣（2012）的研究结果表明，关系质量能够影响 IT 外包的绩效，并且在软技能对外包绩效的影响中起中介作用。

王建军和陈思羽（2016）的研究中也得出了类似的结论，他们利用大连软件行业协会 400 家从事 IT 外包承接工作的会员企业的问卷调研数据进行实证分析。结果发现，关系质量对 IT 外包绩效有显著的直接正向影响，并在创新、组织学习能力与 IT 外包绩效之间起到完全的中介作用。

1. 信任与物流外包绩效的关系

很多学者从关系交换视角出发，指出信任会对外包成功产生积极的影响。信任提高了关系双方进一步合作的意愿，使亲密的合作关系成为可能，继而导致较高的绩效，表现为高度满意、增加的利益、降低的成本和较高的价值。Mohr 和 Spekman（1994）基于个人计算机产业的 124 份问卷调查数据进行的实证研究结果表明，企业联盟中合作伙伴间的信任对联盟绩效具有显著的正向影响。Zaheer 等（1998）对电子设备产业中供应关系的实证研究也得出了同样的结论。第三方物流服务提供商和物流用户之间的信任也已经被证明是物流外包关系成功的一个关键因素。在物流外包关系中高水平的信任可以降低交易和代理成本，在商业环境变化莫测的情况下，接包方和发包方之间的信任对于双方而言都是具有深远意义的。

Shin 等（2018）构建了供应链关系质量与供应链绩效之间的关系模型，利用新加坡 205 家（位）航运物流行业参与者（包括航运企业、客户和货运代理人）的调研数据，采用结构方程模型进行分析。结果表明，供应链关系质量因企业类型和所有权类型的不同而有所差异，并会对供应链绩效产生影响，其中信任对供应链绩效的正向影响更为显著。

2. 承诺与物流外包绩效的关系

承诺是合作伙伴交易的信条，关系一方认为与另一方建立和发展长期持续的合作伙伴关系是非常重要的，因此愿意并保证为维持这种关系付出最大的努力。可见，高水平的承诺提供了一种情境，在这种情境中，关系双方能够在不增加机会主义行为的情况下实现各自及共同的目标。因为做出更多承诺的合作伙伴会努力平衡短期问题与长期目标实现之间的关系，承诺能够帮助合作伙伴增强其建立合作伙伴关系的意愿，因此高水平的承诺与实现伙伴关系成功是相关的。

3. 依赖与物流外包绩效的关系

依赖起因于在关系中合作双方通过互动感知到的彼此的联系，而且，在这种关系中，任何自主权的损失都会通过预期的收益得到公正的补偿。Frazier（1983）将依赖定义为关系一方对另一方保持关系以实现期望目标的需求的感知。他提出，如果关系一方对另一方有所依赖，就意味着其拥有继续这种关系的意愿；反之，如果关系一方对另一方不存在依赖关系，那么就会失去继续发展和巩固双方合作关系的动机。合作双方认识到，彼此依赖的优势在于提供了比任何一方单独行动能够获得的更大的利益。对物流的依赖是依赖的一种形式，在物流外包关系中，客户企业需要维持与物流服务提供商的合作关系以实现自身的目标。

4. 专用性投资与物流外包绩效的关系

专用性投资是合作成员为了强化双方的合作关系而进行的相关投资。这些投资对于关系而言是高度专业化的，不容易重新配置的，因而在其他的关系中几乎没有价值。关系专用性投资是一种实际可见的承诺行动，广泛存在于营销渠道及其他组织间关系中，能够为渠道成员带来更多的利益。物流专用性投资是指物流服务供给方和需求方为了满足合作需要而进行的投资，这种投资既包括物流设施、设备等有形资产的投入，也包括物流服务人员的培训，或者为某个特定合作伙伴提供只用于进行库存控制方面的信息服务等的无形投入。在物流外包关系中，物流服务提供商作为掌握核心技术的一方，其投资对于物流业务的完成及物流外包的最终成功是至关重要的。

5. 感知的机会主义行为与物流外包绩效的关系

机会主义是指为实现自身利益最大化，关系一方可能会利用信息不对称或私有信息，以损害另一方利益为代价而获取私利的诡诈、自私自利的行为倾向。绝大多数研究指出，交易关系中的机会主义行为不仅会侵害合作伙伴的利益，还会对关系本身带来潜在威胁。一旦交易关系中发生机会主义行为，渠道冲突发生的概率就会大幅增加，而且关系参与方可能就要投入巨大的资源以对机会主义行为进行防范和控制，而这些资源的占用导致其无法用于其他更有生产率的领域，从而使高价值的业务无法进行，产生机会成本损失。与此同时，关系参与方对合作关系的心理和社会满意度也会随之降低。

6. 创新与物流外包绩效的关系

在企业服务领域，具有进取精神对服务提供商寻求客户满意和增加客户忠诚是一条潜在的有效途径，物流领域也是如此。物流服务提供商持续寻找提升特定客户运作水平的方式，即积极主动的改进，在维持成功的物流服务提供商与客户企业之间的关系过程中发挥了重要的作用。积极主动的改进被理解为在一种特定关系中物流服务提供商以客户为导向的创新，具有为客户创造附加价值的潜力，并因此提高客户企业的忠诚度和市场份额。传统上物流服务提供商大多采取反应性行动以满足客户不断变化的潜在需求，虽然大多数物流服务提供商倾向于改变其提供给客户的服务或解决方案，但这主要是对客户需求做出的反应，而不是其自发的、积极主动的行为。如果在以前，这种反应性行动可能对于客户并不是重要的问题，因为很多企业在将物流运作业务外包给物流服务提供商时，会将一定程度的物流知识保留在企业内部，使企业能够依靠自身设计和改善物流解决方案以应对市场环境的变化。然而，如今随着第三方物流服务复杂性不断提高，客户越来越倾向于将自身的资源集中于核心业务，因此物流服务提供商的能力不再仅仅局限于物流业务的运作，还要进行物流解决方案的设计。这种依赖性观点可以通过客户期望其物流服务提供商持续驱动服务创新，并提出改进的想法使客户熟悉新技术或新概念而得到体现。通过物流业务外包，客户企业不仅可以借助物流服务提供商的创新能力，制订合适的物流解决方案，还可以在实施过程中使方案得到持续改进。根据交易费用经济学，这意味着在物流外包关系中，仅仅对客户需求进行事后反应所带来的绩效，要低于反应性行动与物流服务提供商积极进取同时进行所带来的绩效。因此，物流服务提供商积极主动的改进，即创新，是物流外包绩效的关键驱动因素之 ·。

创新对物流外包绩效具有正向影响这一假设，可以被交易费用理论支持。Wallenburg 等（2010a）提出，积极主动的改进在长期的物流外包关系中发挥了决定性的作用。积极主动的改进关注的是以实现客户企业物流活动创新改善为目标的物流服务提供商采取行动的程度和强度，这种创新继而会影响客户企业感知的物流外包关系绩效。这一研究结论在 Deepen 等（2008）的研究中得到支持。但是，在外包关系中，双方在事先签订合同时就详细说明交易的所有细节是不可能的，因为物流服务提供商的未来行为是具有不确定性的。也就是说，客户企业并不知道物流服务提供商是否会采取使客户利益实现最大化的行动。例如，如果是对客户有益的，物流服务提供商是否会改进其提供的服务；或者一旦有机会，物流服务提供商是否会采取机会主义行为。这时，由物流服务提供商自发进行的积极主动的改进就会发挥作用。积极主动的改进体现了物流服务提供商对关系所做出的承诺，降低了客户企业的不确定性，能够通过降低风险和提高物流服务提供商的可信任性，不仅为客户创造功能性价值，还可以增加关系价值，这种关系价值和功能性价值还会提高客户保持或扩展其现有关系的可能性。基于社会交换理论，客户企业应当利用积极主动进行改进的物流服务提供商实现更好的绩效，获得更高的利益。此外，积极主动的改进行为还会产生积极的信号效应，当物流服务提供商向客户企业展示其积极进取的行为时，客户企业可能愿意放弃当前的短期利益，而期望更多的利益可以从未来的关系中获得。

基于上述理论分析，我们提出如下研究假设：

【假设 1】关系质量（H_1）及其信任维度（H_{1a}）、承诺维度（H_{1b}）、依赖维度（H_{1c}）、专用性投资维度（H_{1d}）、创新维度（H_{1f}）对目标实现有显著正向影响；感知的机会主义行为维度（H_{1e}）对目标实现有显著负向影响。

【假设 2】关系质量（H_2）及其信任维度（H_{2a}）、承诺维度（H_{2b}）、依赖维度（H_{2c}）、专用性投资维度（H_{2d}）、创新维度（H_{2f}）对目标超越有显著正向影响；感知的机会主义行为维度（H_{2e}）对目标超越有显著负向影响。

3.2.5 关系质量与关系行为的关系

许多学者的研究结果证明了良好的关系质量可以产生良好的关系行为。Dwyer 等（1987）提出，营销渠道成员在关系中存在很大的利害关系，这使他们对维持高品质的关系感兴趣，并且这种关系是以强有力的关系行为为特征的。在这种情况下，双方会实现信息共享，保持柔性，从而导致无论是个体还是共同的收益都会很高。而且，这种彼此依赖的高品质关系会导致渠道成员较少发生冲突，因此增强彼此行为的团结性。Hewett 和 Bearden（2001）主要研究了跨国企业的国外子公司市场运作方面关系行为的前置因素。他们提出了两个前置因素，即依赖和信任。研究结果显示，基于奉献的关系是非常重要的，信任被发现与合作具有显著正向相关。Wu 等（2014）研究了 4 个重要的社会交换变量，即信任、承诺、互惠和权力，将其作为信息共享和合作行为的前置影响因素。研究结果显示，信任和承诺是信息共享和合作的重要决定因素，信息共享和合作在这些因素对供应链绩效的影响中起部分中介作用。Myhr 和 Spekman（2005）、Sheu 等（2006）的研究也提出，社会交换信仰，如信任、承诺和彼此依赖对于供应链中的信息共享和合作具有重要决定作用。

1. 关系质量与合作

一般认为，合作是指关系双方为了实现共同的目标而采取积极的协同行动。许多实证研究结果表明，信任是合作的重要前因变量，人们认为信任减少了功能性冲突和不确定性的出现，提高了合作各方间互动的可能性，因此将其经验性地验证作为合作的前提。在影响合作的诸多要素中，信任起到至关重要的作用。Anderson 和 Narus（1990）提出，信任导致合作，合作行为又会带来超出一方独自行动且仅关注自身利益所获得的结果。Johnston 和 Richard（2004）研究发现，高水平的信任与物流外包伙伴合作行为的增加有关，继而产生更高的合作关系绩效。信任经常被用作一种促进交易双方合作关系的治理机制，以消除交易中的机会主义，而且，信任会通过影响关系参与方的心理过程，使关系各方对预期收益的感知得到提高，参与关系的意愿得到增强，相互之间的沟通更加广泛和深入，使合作中的交易成本和障碍均得到降低。组织合作领域的研究提出，除了契约之外，信任也可以控制组织间的合作风险，高水平的信任通过协调组织间的彼此差异，解决双方在思想、信仰和知识等方面的冲突，增强合作的效果。除非合作双方彼此信任，否则买卖双方协议中不可能有明显的合作，因为买方不可能与一个自己不够信任的卖方进行合作。因此，从关系的角度而言，信任无论是对于强化目前的交易，还是鼓励未来的交易都是一种重要的机制。

承诺和信任可以看作关系质量中两个方向相反的方面，信任代表着关系质量“向后看”的方面，而承诺则代表关系质量“向前看”的方面。严兴全等（2011）对此的解释是，信任是基于以往经验形成的对于对方的知识和情感，它会正向影响关系双方未来的合作意愿；而承诺是指关系参与方保证为关系的持续投入最大的努力，并在一定程度上形成对对方的某种资源依赖，因此较高的承诺水平就意味着关系双方更愿意以合作的态度来实现彼此的利益。许多研究提出，关系承诺能够改善合作伙伴之间的沟通，并且促进买方与供应商之间关系的协调。而且，只有一个强烈的关系承诺才能确保在维持长期关系中的合作行为，降低伙伴方脱离关系的倾向。Sharma 和 Patterson（2000）提出关系承诺越高，顾客就越不会主动寻找其他替代选择的机会，只会投入更多以维持关系。如果在供应链关系中不存在有意义的信任和承诺，就不会有真正的合作。

为了获得合作的成功，关系双方还必须彼此依赖。依赖对于在关系交换中提升合作是至关重要的。根据营销渠道行为理论，渠道成员之间的彼此依赖源于各自功能的专业化，而彼此依赖是渠道成员合作的根源所在。渠道成员需要资源，包括资金、专业化技能、进入某一市场的能力，以及一些其他要素。为了实现各自的目标，渠道成员在功能上的相互依赖性要求彼此进行最低程度的合作。Izquierdo 和 Cillán（2004）对产业市场长期交易关系的研究发现，依赖对供应商的关系行为有显著正向影响，尤其是当供应商对购买者信任水平较高时，还会强化这种正向影响。

亲密的合作伙伴关系的开发和维护经常需要关系专用性投资。这种投资用于其他关系时价值会有所降低，使特殊的投资改变了企业的激励结构，而且除非关系持续，否则这种特殊的资产可能失去实质性的价值。如果企业进行这样的投资，就不太可能出现可能威胁到关系的机会主义行为和不值得信任的行为，因为一旦关系终结，特殊的投资就会产生沉没成本。这样，关系一方投资于关系专用性资产的数量越大，合作伙伴被锁定在关系中的程度就越高。因此，关系专用性投资能够作为反映企业试图维持具有长期导向和合作意愿的关系程度的标志。

宋永涛等（2009）提出，如果关系双方的关系质量水平高，而且都对目前的合作关系感到满意，那么就更容易开展经常性的合作。供应链成员企业间良好的关系质量能够强化相互的合作行为，增强企业对合作伙伴的信心，从而有利于新的合作领域和合作范围的进一步拓展。彭雷清和张正阳（2009）提出，当渠道成员间彼此的关系质量良好时，会增强彼此团结合作的程度。严兴全等（2011）通过实证研究表明，信任和承诺可以带来买方一系列的行为改变，其中包括优化买方的合作行为。余泳泽和马欣（2010）提出，物流服务提供商会针对与制造企业的合作关系或制造企业的产品渠道特点进行专用性资产投资，这些投资会对其为制造企业提供的物流服务质量及双方的合作水平产生直接影响。谭云清等（2011）结合经济学及社会学中的信任模型，分析了对服务外包提供商的计算信任、能力信任和善意信任 3 类不同的信任对跨国公司合作的影响。研究结果表明，3 类信任对于跨国公司的合作都有显著的促进作用。王强和储昭昉（2012）基于中国 130 家物流用户企业的问卷调查数据，提出只有当客户企业认为其物流服务提供商所提供的物流服务对其战略目标和财务目标都非常重要时，才会愿意继续维持这种合作关系。而机会主义行为在几乎所有的研究中都被认为会对双方的合作关系造成重大挑战和潜在威胁。

基于上述理论分析，我们提出如下研究假设：

【假设 3】关系质量（H_3）及其信任维度（H_{3a}）、承诺维度（H_{3b}）、依赖维度（H_{3c}）、专用性投资维度（H_{3d}）、创新维度（H_{3f}）对合作有显著正向影响；感知的机会主义行为维度（H_{3e}）对合作有显著负向影响。

2. 关系质量与信息共享

按照交互行为理论的观点，信息共享是交互过程的一个关键成分。企业与其合作伙伴进行信息共享的方式可以是正式的，也可以是非正式的，但不管怎样，这种行为都降低了买方的感知风险并提高了卖方的可信度。成功的关系被认为具有一个显著的特点，即在长期计划及与产品、生产、物流相关方面进行高度的信息交换。林舒进等（2018）利用国内 288 家制造型企业调研数据进行实证分析，结果表明，当企业间的组织关系或人际关系质量较好时，企业间会有更多的信息共享。

信任对于供应链中的信息共享具有重要作用。虽然 Mohr 和 Kevin（1990）提出，信任和信息共享是相互加强的，即更多的信息共享产生更多的信任，更多的信任又巩固更多的信息共享。但更一般的观点认为，在信任水平高的关系中，合作伙伴更愿意共享所有的信息，并且相信他们所获得的所有信息，因此会产生更大的意愿为实现彼此对关系的贡献进行更高程度的信息共享。合作伙伴通过信息的共享，能够了解彼此的互动行为，进而改善产品或服务质量，并促进各自的发展。在互不信任的情况下，将阻碍信息交流和知识共享。因此，缺乏信任对信息交换及关系互惠原则都是有害的。如果供应链成员企业间的行为没有契约作为约束，他们彼此间的信任便成为关系成功的一个关键因素，合作伙伴间的高水平信任便能够促进相互之间的信息共享行为。

Mohr 等（1996）提出，关系双方之间的承诺与信息共享具有显著的正向相关性，所以企业努力与合作伙伴建立并维持长期关系，降低彼此的误解，以达到信息共享。尽管信息共享与合作伙伴的运作行为、策略行为和战略行为的执行相关，但一家向合作伙伴做出承诺的公司更可能愿意与其合作伙伴共享信息。因此，关系承诺能够帮助合作伙伴增强其建立合作伙伴关系的意愿。组织间的相互依赖关系会促进信息流动。赵彦辉（2011）提出，组织投资专用性资产的原因之一在于，专用性资产可以明显提高生产效率，实现渠道成员间的快捷沟通。从 Wathne 和 Heide（2000）对机会主义行为的划分结果可以看出，机会主义行为，尤其是故意的机会主义行为不利于关系双方之间的信息交流和共享。

在物流外包关系中，如果客户企业相信物流服务提供商具有与其提供的服务相关的知识，并且相信一旦出现新的情况，尽管物流服务提供商并没有做出承诺，但其仍有意图和动机做出对客户企业有益的事，就会与物流服务提供商交换更多与业务相关的战略性信息，使物流服务提供商更好地理解客户的需求，并激发创新思想以改善运作，进而提升双方的合作关系水平。

基于上述理论分析，我们提出如下研究假设：

【假设 4】 关系质量（H_4）及其信任维度（H_{4a}）、承诺维度（H_{4b}）、依赖维度（H_{4c}）、专用性投资维度（H_{4d}）、创新维度（H_{4f}）对信息共享有显著正向影响；感知的机会主义行为维度（H_{4e}）对信息共享有显著负向影响。

3.2.6 关系行为与物流外包绩效的关系

关系行为正向影响绩效，促使交换关系中的双方实现各自的目标，这是关系营销的基本观点。Lusch 和 Brown（1996）提出，通过自由地交换信息，在交易往来中保持柔性，并且彼此团结行动，渠道成员能够获得更高水平的绩效。这一论断表明关系行为与绩效之间存在正向关系，合作双方必须参与关系行为。这种观点提供了一种一般的“更多就是更好”的方法，因为合作伙伴间大量的关系行为能够提升绩效。互惠的关系行为使关系运作更有效，而且能够适应不断变化的条件，包括关系条件和环境条件，从而对关系财务绩效产生正向影响。在高效的关系中，合作双方被期望从关系中获得长期利益，并能够实现各自的目标。成功的合作伙伴关系都具有显著的协同行动的特征，这些行动的目的在于实现跨越组织的一致目标，如果没有高水平的合作，就会导致 JIT 生产模式失败、生产中断，任何计划中的互惠目标都不可能被实现。

在外包领域，研究发现合作和信息共享都是影响外包成功的动态因素。如果外包双方协同行动试图共同解决个体和共同的问题，就能够汇集双方各自的知识、技能和财务资源以获得更高水平的绩效。Deepen 等（2008）提出，在亲密关系中的合作对第三方物流协议绩效的影响是显著的。外包双方彼此交换的信息越多，他们越能够预测彼此的需求并做出响应，彼此需求的满足程度越高，外包绩效水平就越高。同时，知识和信息的交流与共享能够碰撞出新的知识与信息，使绩效呈指数增长，反之则会造成重复开发的浪费和重蹈覆辙的损失成本。

1. 合作与物流外包绩效的关系

很多研究提出，合作能够有效改善关系参与方的财务绩效和非财务绩效（Walter et al.，2003；Wathne and Heide，2000；Wilding，1985）。财务绩效包括成本、盈利、投资回报率等，非财务绩效可能涉及更大的范畴，如通过垂直一体化实现不确定性的降低、互补性资源的评价、客户服务水平的提高及与合作伙伴共同投资的风险规避等。Barratt（2004）提出供应链合作是满足客户需求，降低成本的重要决定因素。Jap（1999）研究发现，在双边关系中合作伙伴的协同努力被定义为互补行动，这些行动能够带来利润方面绩效的提升，这是由双边合作努力所带来的。合作在关系中的出现可能对关系的加强做出积极贡献。缺乏合作可能导致目标不兼容、责任范围不清晰和感知的模糊，这些会影响关系的效率和效果。

在 Deepen 等（2008）的研究中，一方面，通过实证检验证实在物流外包关系中双方的合作行为对目标实现具有显著的正向影响；另一方面，合作是目标超越的一个先决条件。他们的研究拓展了 Knemeyer 和 Murphy（2004）建立的“沟通—绩效”模型，并提出，对绩效的追求根本上是通过合作实现的，而合作又被沟通驱动，即“沟通—合作—创新”。因此，没有沟通或者沟通不畅可能阻碍合作，继而绩效的改善也就不太可能发生。

2. 信息共享与物流外包绩效的关系

信息共享是指合作方自愿、积极地为彼此提供有用信息的期望。如果信息没有被及时共享，合作方就不能迅速有效地对环境变化做出反应，其价值会以指数方式降低，合作伙伴的关系绩效也会随之降低。信息共享允许供应商、制造商和零售商改善预测、同步生产和交货、协调库存相关决策，而且形成对绩效影响的共同理解。Prajogo 和 Olhager（2012）提出，信息共享在改进供应链运作活动和战略性活动方面支持两个层面的集成：一是运作层面，涉及供应链活动的改进，包括库存水平、生产和交货计划、能力利用、订单状态和销售数据；二是战略层面，这一层面超越了基本的供应链活动，扩展至包括产品、客户、供应商和竞争方面的改进。通过获得更多可用的信息，并与供应链中的合作伙伴（如分包商或供应商）共享，制造企业能够更好地进行订货、能力分配和产品（物料）计划，以使供应链活力得到优化。因此，供应链中的组织间信息共享成为一种常规做法，因为它提升了供应链整体的竞争优势。

基于上述理论分析，我们提出如下研究假设：

【假设 5】关系行为的合作维度（H_5）对物流外包绩效有显著正向影响；合作对物流外包绩效的目标实现维度（H_{5a}）和目标超越维度（H_{5b}）均有显著正向影响。

【假设 6】关系行为的信息共享维度（H_6）对物流外包绩效有显著正向影响；

信息共享对物流外包绩效的目标实现维度（H_{6a}）和目标超越维度（H_{6b}）均有显著正向影响。

3.2.7 关系行为的中介效应

在本书构建的理论模型中，关系行为被作为一个中介变量来解释关系质量提升物流外包绩效的中间过程。根据温忠麟等（2004）提出的中介效应检验程序，本书认为关系质量对物流外包绩效的影响可以通过双方的关系行为来传递，即良好的关系质量会产生良好的关系行为，进而影响物流外包绩效。这里的基本逻辑是关系质量的差别会带来双方关系行为的差异，而关系行为的差异会影响外包成功，外包成功代表的是提高合作伙伴的满意度，使外包利益得以实现，最终表现在外包绩效上。如前所述，虽然以往很多研究表明客户企业与物流服务提供商的关系质量是物流外包绩效的主要驱动因素，对客户企业的物流成本、客户满意及物流服务水平都具有积极正向的影响，然而，这种直接的影响忽略了其中的作用机制问题，形成了中间转化过程的“黑箱”。因此，本书认为物流外包绩效在很大程度上取决于客户企业与物流服务提供商在互动过程中表现出的行为。大量的实证研究表明，关系行为的发生要有一定的关系状态或关系基础，即关系质量，关系质量各细分维度对关系行为也具有显著的正向影响。通过上述分析，“关系质量—关系行为—物流外包绩效”之间的逻辑关系由此形成，关系行为在关系质量与物流外包绩效关系中发挥的中介作用就存在。

基于上述理论分析，本书提出如下研究假设：

【假设 7】H_7：合作在关系质量与目标实现之间起中介作用。

【假设 8】H_8：信息共享在关系质量与目标实现之间起中介作用。

【假设 9】H_9：合作在关系质量与目标超越之间起中介作用。

【假设 10】H_{10}：信息共享在关系质量与目标超越之间起中介作用。

3.2.8 研究假设小结

本书的研究假设汇总如表 3.7 所示。

表 3.7 本书的研究假设汇总

编号	研究假设
H_1	关系质量对目标实现有显著正向影响
H_{1a}	信任对目标实现有显著正向影响
H_{1b}	承诺对目标实现有显著正向影响
H_{1c}	依赖对目标实现有显著正向影响

续表

编号	研究假设
H_{1d}	专用性投资对目标实现有显著正向影响
H_{1e}	感知的机会主义行为对目标实现有显著负向影响
H_{1f}	创新对目标实现有显著正向影响
H_2	关系质量对目标超越有显著正向影响
H_{2a}	信任对目标超越有显著正向影响
H_{2b}	承诺对目标超越有显著正向影响
H_{2c}	依赖对目标超越有显著正向影响
H_{2d}	专用性投资对目标超越有显著正向影响
H_{2e}	感知的机会主义行为对目标超越有显著负向影响
H_{2f}	创新对目标超越有显著正向影响
H_3	关系质量对合作有显著正向影响
H_{3a}	信任对合作有显著正向影响
H_{3b}	承诺对合作有显著正向影响
H_{3c}	依赖对合作有显著正向影响
H_{3d}	专用性投资对合作有显著正向影响
H_{3e}	感知的机会主义行为对合作有显著负向影响
H_{3f}	创新对合作有显著正向影响
H_4	关系质量对信息共享有显著正向影响
H_{4a}	信任对信息共享有显著正向影响
H_{4b}	承诺对信息共享有显著正向影响
H_{4c}	依赖对信息共享有显著正向影响
H_{4d}	专用性投资对信息共享有显著正向影响
H_{4e}	感知的机会主义行为对信息共享有显著负向影响
H_{4f}	创新对信息共享有显著正向影响
H_5	合作对物流外包绩效有显著正向影响
H_{5a}	合作对目标实现有显著正向影响
H_{5b}	合作对目标超越有显著正向影响
H_6	信息共享对物流外包绩效有显著正向影响
H_{6a}	信息共享对目标实现有显著正向影响
H_{6b}	信息共享对目标超越有显著正向影响
H_7	合作在关系质量与目标实现之间起中介作用
H_8	信息共享在关系质量与目标实现之间起中介作用
H_9	合作在关系质量与目标超越之间起中介作用
H_{10}	信息共享在关系质量与目标超越之间起中介作用

小　　结

本章通过广泛系统地分析整理国内外相关研究，对比分析以往学者对关系质量关键维度的研究，总结归纳前人的研究成果和结论，构建物流外包情境下关系质量的六维度模型；为了更加全面地体现关系质量对物流外包绩效的影响，本书综合两种研究视角，并对相应的要素进行整合，一方面验证关系质量对物流外包绩效的直接影响；另一方面将中介变量引入研究框架，对关系质量与物流外包绩效的关系进行更为深入系统的阐述。基于上述思路，本书构造了以关系行为作为中介变量的关系质量对物流外包绩效影响的整合理论模型，并提出相应的研究假设。

第4章 研究设计

4.1 研究总体构思框架

根据本书的研究目的，在对相关研究进行回顾与分析的基础上，提出本书的总体构思框架，具体如图 4.1 所示。

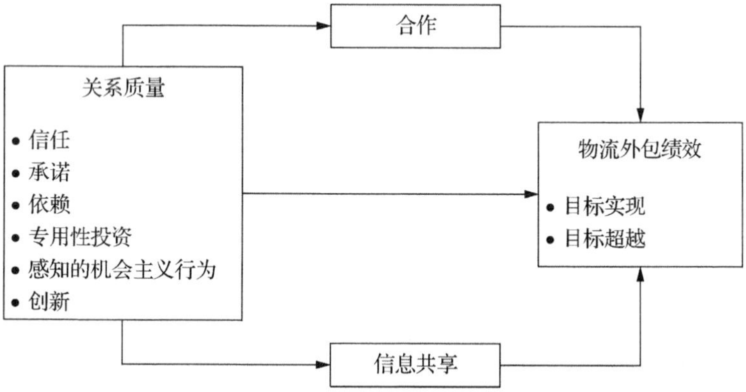

合作

关系质量
- 信任
- 承诺
- 依赖
- 专用性投资
- 感知的机会主义行为
- 创新

物流外包绩效
- 目标实现
- 目标超越

信息共享

图 4.1 总体构思框架

在此基础上，作者对本书的整体写作思路设计如下：在对物流外包情境下关系质量的构成因子和指标体系进行研究的基础上，探究关系质量与物流外包绩效的关系及其间的行为传导机制，并根据实证研究的相关结论，揭示我国制造企业与物流服务提供商在外包合作过程中面临的一些关系管理问题，为促进制造企业与物流服务提供商进行更好的合作，达到双方共赢的效果提出相应的对策和建议。

1. 物流外包关系质量结构维度的研究

物流外包情境下关系质量的结构维度是本书第一个要解决的问题，也是研究关系质量对物流外包绩效影响机制的基础。本章通过聚焦于物流外包情境下关系质量的构成因子与指标体系，为关系质量在物流外包实践中的具体操作做出贡献，同时为后续研究打下基础。首先通过大量的文献阅读，界定物流外包情境下关系质量概念的内涵，确定具体的结构维度和测量指标。然后选取制造企业中从事物流相关工作，或者熟悉、了解本企业物流外包业务的中高层管理人员进行深度访谈，结合物流外包关系质量在制造企业中的实际表现，对关系质量的结构维度进行初步验证。接下来，在文献研究和深度访谈的基础上，提出物流外包关系质量各个结构维度的测量题项，通过大样本发放问卷所得数据，利用 SPSS 和 AMOS 统计分析软件，进行测量问卷的信度和效度检验、探索性因子分析和验证性因子分析，对研究构思进行实证检验。

2. 关系质量对物流外包绩效影响机制的研究

第 3.1 节已经提出物流外包情境下关系质量的六维度模型，但是，关系质量及各个维度与物流外包绩效之间有何关系，以及关系质量是通过怎样的路径影响物流外包绩效的，其中的作用机制还不甚清晰。本章通过聚焦于物流外包情境下关系质量的绩效作用机制，引入关系行为作为中介变量，分别分析关系质量对物流外包绩效、关系质量对关系行为、关系行为对物流外包绩效的影响路径，在深度访谈基础上对理论模型和测度指标进行初步验证和修改，再通过大规模地发放问卷，利用所得的大样本数据进行实证分析，最终揭示关系质量与物流外包绩效间的行为传导机制，从而打开关系质量促进物流外包绩效增长的过程“黑箱”。

4.2 研究测量

物流外包情境下的关系质量包括信任、承诺、依赖、专用性投资、感知的机会主义行为和创新 6 个结构维度。参考国内外学者对各个变量的定义和构思，本书设计了关系质量的初始测量量表，共 33 个测量题项。其中，信任的量表主要参考 Doney 和 Cannon（1997）的研究，共 8 个测量题项；承诺的量表主要参考 Morgan 和 Hunt（1994）、Golicic 和 Mentzer（2006）的研究，共 5 个测量题项；依赖的量表主要参考 Ganesan（1994）、Golicic 和 Mentzer（2006）的研究，共 3 个测量题项；专用性投资的量表主要参考 Joshi 和 Stump（1999）、Suh 和 Kwon（2006）的研究，共 7 个测量题项；感知的机会主义行为的量表主要参考刘益和曹英（2006）的研究，共 5 个测量题项；创新的量表主要参考 Deepen 等（2008）和 Križman（2009）的研究，共 5 个测量题项。综合以上研究回顾的成果，本书确定的物流外包情境下关系质量的初始测量量表如表 4.1 所示。

表 4.1 物流外包情境下关系质量的初始测量量表

变量	测量维度	编号与测量题项
关系质量（RQ）	信任（RQ_1）	RQ_{11} 该物流服务提供商遵守其对我们做出的承诺
		RQ_{12} 该物流服务提供商对我们不总是诚实
		RQ_{13} 我们相信该物流服务提供商提供给我们的信息

续表

变量	测量维度	编号与测量题项
关系质量（RQ）	信任（RQ_1）	RQ_{14} 该物流服务提供商真诚地关注我们的业务成功
		RQ_{15} 在制定重要决策时，该物流服务提供商会同时考虑我们双方的福利
		RQ_{16} 我们相信该物流服务提供商会牢记我们的最佳利益
		RQ_{17} 该物流服务提供商是值得信任的
		RQ_{18} 我们发现有必要谨慎对待该物流服务提供商
	承诺（RQ_2）	RQ_{21} 我们致力于保持与该物流服务提供商的关系
		RQ_{22} 我们试图无限期维持与该物流服务提供商的关系
		RQ_{23} 与该物流服务提供商的关系值得我们尽最大努力去维持
		RQ_{24} 我们愿意做任何事情以维持与该物流服务提供商的关系
		RQ_{25} 我们很关心与该物流服务提供商之间关系的长期性
	依赖（RQ_3）	RQ_{31} 我们依赖该物流服务提供商
		RQ_{32} 我们相信该物流服务提供商对我们的成功至关重要
		RQ_{33} 我们需要该物流服务提供商帮助完成我们的目标
	专用性投资（RQ_4）	RQ_{41} 我们已经在资源方面进行重大投资，这些资源仅用于与该物流服务提供商的关系
		RQ_{42} 我们为该物流服务提供商量身定制了业务流程以满足其需求
		RQ_{43} 我们已经投入大量的时间和金钱用于培训该物流服务提供商并使其胜任
		RQ_{44} 该物流服务提供商已经在资源方面进行重大投资，这些资源仅用于与我们的关系
		RQ_{45} 该物流服务提供商已经为我们量身定制了业务流程以满足我们的需求
		RQ_{46} 该物流服务提供商投入大量时间和金钱用于培训我们的人员
		RQ_{47} 双方的合作关系需要该物流服务提供商所在地设置在我们附近
	感知的机会主义行为（RQ_5）	RQ_{51} 该物流服务提供商为了保护自己的利益会对一些事情提供不真实的信息
		RQ_{52} 该物流服务提供商对我们在某些事上做了承诺，但后来因某种原因没有真正去做
		RQ_{53} 该物流服务提供商可能会违背与我们的非正式协议以获得最大的利益
		RQ_{54} 该物流服务提供商可能会钻合同的空子来增加自己的利益
		RQ_{55} 该物流服务提供商会用意外事件来迫使我们让步
	创新（RQ_6）	RQ_{61} 该物流服务提供商持续为业务活动改进提出建议，即使这些活动在其直接契约责任之外
		RQ_{62} 在不断变化的情况下，如果必要且对我们有利，该物流服务提供商会主动修改物流流程
		RQ_{63} 该物流服务提供商不断为物流绩效的改善提出建议
		RQ_{64} 该物流服务提供商不断追踪物流领域的改进和发展
		RQ_{65} 该物流服务提供商显示出很高的创新水平

同时，为确保测量工具的信度和效度，本书对关系行为和物流外包绩效的测量题项来自于国内外现有研究中已使用过的较成熟的量表，并根据本书的研究目的进行适当修改。关系行为包括合作和信息共享两个结构维度，物流外包绩效包括目标实现和目标超越两个结构维度。作者参考国内外学者对各个变量的定义和

构思，分别设计关系行为和物流外包绩效的测量量表，关系行为共9个测量题项，物流外包绩效共7个测量题项。其中，合作的量表主要参考Deepen等（2008）的研究，共4个测量题项；信息共享的量表主要参考Prajogo和Olhager（2012）的研究，共5个测量题项；目标实现和目标超越的量表主要参考Deepen等（2008）的研究，目标实现的量表共4个测量题项，目标超越的量表共3个测量题项。综合以上文献回顾的成果，本书确定的物流外包情境下关系行为与物流外包绩效的初始测量量表如表4.2和表4.3所示。

表4.2 关系行为的初始测量量表

变量	测量维度	编号与测量题项
关系行为（RB）	合作（RB_1）	RB_{11} 我们的经营方法或组织计划与该物流服务提供商非常相似
		RB_{12} 在我们与该物流服务提供商的关系中，双方总是为实现共同的目标齐心协力
		RB_{13} 当外包计划实施过程中，如果出现问题，我们会与该物流服务提供商共同决策以找到适当的解决办法
		RB_{14} 在我们与该物流服务提供商的关系中，双方彼此充分尊重
	信息共享（RB_2）	RB_{21} 我们与该物流服务提供商共享敏感信息[如财务、生产、设计、研发和（或）竞争信息]
		RB_{22} 我们向该物流服务提供商提供任何可能对其有帮助的信息
		RB_{23} 我们与该物流服务提供商之间的信息交换是经常性、非正式和（或）及时的
		RB_{24} 我们随时相互通知可能对对方造成影响的事件或变化
		RB_{25} 我们经常与该物流服务提供商进行面对面的计划或沟通

表4.3 物流外包绩效的初始测量量表

变量	测量维度	编号与测量题项
物流外包绩效（LOP）	目标实现（LOP_1）	LOP_{11} 该物流服务提供商完全实现了我们在外包协议签订前共同设置的目标与期望
		LOP_{12} 我们对该物流服务提供商感到非常满意
		LOP_{13} 我们与该物流服务提供商的关系非常好
		LOP_{14} 该物流服务提供商总是按我们需求的质量提供服务
	目标超越（LOP_2）	LOP_{21} 我们在物流外包协议签订前共同设置的目标被明显超越
		LOP_{22} 我们对该物流服务提供商的服务质量感到超出预期的满意
		LOP_{23} 物流外包计划实际成本与整体服务绩效之间的关系大大好于预期

4.3 研究方法

4.3.1 深度访谈法

深度访谈法（in-depth interview）是一种重要的定性研究信息收集方法，在社会科学研究中应用得非常普遍。深度访谈法通常涉及一个访问者和一个受访者，一般采取面对面的方式进行，访问者不仅可以在访谈过程中深入了解受访者对某些问题的观点和看法，还能够从受访者的面部表情、身体语言和说话语调中发现更丰富的背景信息，从而有助于发掘出更多与研究主题相关的问题。在访谈过程中，访问者不会为了得到特定的答案而对受访者的回答给出肯定或否定的表态，访问者需要做的只是认真且耐心地倾听和仔细观察，并基于受访者的回答继续提问下面的问题。深度访谈是问卷设计的必要基础。

本书的访谈对象首先选择了 6 位在制造企业工作的管理者，确认其所在公司有物流外包业务，且该访谈对象熟悉或了解公司物流外包的相关情况。访谈对象中有高层管理者 1 位、中层管理者 2 位、基层管理者 3 位。考虑到访谈的便利性问题，受访对象的公司所在地均在长春，这些企业包括长春大成玉米开发有限公司、吉林省老昌食品有限公司、长春市灯泡电线有限公司、一汽轿车股份有限公司、长春一汽富维汽车零部件股份有限公司、吉林省广泽乳业有限公司。每位受访者被要求针对本公司某一主要物流服务提供商进行问题回答，访谈的时间为半个小时以上。在进行深度访谈前，作者已经根据研究目的和内容设计了访谈提纲（见附录 1）。除了涉及一些背景资料之外，访谈提纲主要涵盖的内容是受访者对物流外包情境下的关系质量、关系行为和物流外包绩效及各维度的理解，以及三者之间的关系。

为了获得受访者的信任，访谈开始前首先向受访者说明不会录音，并承诺绝对不会泄露受访者个人及所在企业的任何隐私，保证访谈结果仅用于学术研究。所有受访者在访谈过程中均表现得很配合，因此整个访谈过程很顺利。作者为了向受访者表示感谢，在访谈结束时还赠送了小礼物。通过深度访谈发现，尽管受访者对于研究中涉及的各个变量没有理论上的认识，但是向他们陈述了变量的含义之后，他们表示可以理解，并表示认同。通过深度访谈，初步确认了通过研究分析所得的关系质量、关系行为和物流外包绩效的结构维度。受访者表示，在与物流服务提供商合作过程中，确实需要双方建立良好的关系，这样才能使制造企业真正实现预期物流服务目标。同时表示，对关系满足双方需求与期望程度的评价与认知，会影响双方在互动过程中表现出的行为，并最终影响到物流外包是否成功。因此，本书理论模型的合理性也得到了初步确认。

4.3.2 问卷调查法

由于本书所需数据无法从公开资料中获得，因此采用问卷调查方法进行数据收集。问卷调查法的目的是在深度访谈的基础上进一步分析物流外包关系质量的结构维度，进而研究物流外包关系质量的绩效作用机制。量表是问卷调查法中最常使用的工具，利用量表可以通过间接、定量的方式精确度量那些较抽象且难以直接观测或客观度量的概念。本书的问卷设计是在深度访谈基础上逐步完成的。

1. 问卷设计

由于本书涉及的变量大多难以量化，因此，调查问卷的测量题项基于 Likert 五点量表法进行测度，其中，1 表示完全不符合，2 表示有点不符合，3 表示有时符合，4 表示基本符合，5 表示完全符合。参考部分学者（Dunn et al.，1994；Gerbing and Anderson，1988；Churchill，1979）的建议，本书的问卷设计经过以下几个步骤。

1）通过文献回顾与分析形成问卷的初始测度题项。在大量查阅国内外相关研究的基础上，本书采纳或借鉴了部分研究中采用的较为成熟的测度题项。为了确保量表具有良好的内容效度，本书采用双向翻译的方法将英文量表转化为中文量表，并结合本书的研究目的，即研究关系质量对物流外包绩效的影响机制，设计了初始测度题项。为了提高测度的信度和效度，问卷涉及的变量采用的都是多题项测度，这种做法符合 Churchill（1979）提出的观点。他提出多题项测度在具有一致性情况下有利于提高信度。本书量表尺度采用的是 Likert 五点尺度，根据 Berdie（1989）的研究经验，五点量表在大多数情况下是可靠的，若选项超过 5 个，一般人难以有足够的判别力（赵宇飞，2012）。

2）与学术界专家讨论修改测度题项。就研究中涉及的各变量的测度题项的措辞、排序、逻辑归类等问题，向 7 位学术界专家（包括市场营销、物流管理研究领域的 2 位教授、3 位副教授和 2 名博士）征询意见，通过题项修改、增加或删除，在此基础上形成调查问卷第二稿。

3）与企业界专家讨论修改测度题项。本书选取了长春大成玉米开发有限公司、吉林省老昌食品有限公司、长春市灯泡电线有限公司 3 家制造企业，将企业中熟悉或了解物流外包业务的中高层管理人员作为访谈对象，通过深入访谈检验量表中的测度题项是否容易被企业员工理解，并检验本书的逻辑设计是否合理，在此基础上形成调查问卷第三稿。

4）通过预测试确定最终问卷题项。将问卷发放给 20 位制造企业中熟悉或了解物流外包业务的员工进行预测试，得到他们填答问卷后的反馈和建议，并据此进一步修改量表中的个别测量题项，包括措辞、表达方式等，在此基础上形成调查问卷的最终稿，详见附录 2。

问卷受访者的主观评价可能导致测度偏差，为避免这类问题发生，本书参考郑兵云（2011）的做法，采取了一定的措施，具体包括以下内容。

① 对问卷受访者设置条件，即受访者应在该企业中从事物流相关工作，或者熟悉、了解物流外包业务的相关情况，以避免因受访者不知道所提问题的答案而做出的不准确回答的情况。

② 要求问卷受访者针对本企业某一主要的物流服务提供商做出回答，以尽量

避免因记忆问题可能产生的偏差。Lusch 和 Brown（1996）在研究批发商-分销商与其主要供应商之间的关系时，是利用主要供应商作为参照系的。他们相信受访者回忆最大的供应商可能更容易，也更准确。

③ 在问卷的卷首语申明绝对保护受访者个人及所在企业的任何隐私，问卷数据仅用于学术研究，以消除受访者在回答问题时的顾虑。

④ 虽然问卷在设计过程中已经征询了学术界和业界专家的意见，并通过预测试，反复进行了修改，题项难以理解或措辞含糊不清的情况基本上是可以排除的，但是为了防止受访者因不理解题意而导致的偏差，问卷中标明了作者的姓名和通信方式以便联系。

2. 问卷调研

接下来的问卷调研从初始问卷设计、专家意见征询、问卷修改、预测试到正式调研结束，共经历大概半年时间。为确保受访者所在公司存在物流外包业务，在问卷调查的开始，首先通过邮件或口头询问的方式加以确认，得到肯定回答后再请其填写问卷。问卷调研方式有 3 种：一是根据企业名录网站提供的相关信息，随机选择 400 个有联系方式的企业，通过电子邮件发送调研问卷，但由于网站提供信息的准确性及被调研企业相关人员填答意愿等方面的原因，仅回收 45 份，回收率为 11.25%。二是调研者到吉林、辽宁、北京、江苏等地的部分高校，联系高校的工商管理硕士（master of business administration，MBA）、高级管理人员工商管理硕士（executive master of business administration，EMBA）学员，确认其为制造企业中参与或了解所在企业物流外包业务实际情况的员工后，请其填写问卷。利用这种方式共发放问卷 300 份，回收 238 份，回收率为 79.33%。三是通过调研者的家人、同学、朋友等私人关系，利用他们在商场、超市、统计局等单位工作的便利条件，向各类供应商或所在地制造企业进行大量问卷发放。利用这种方式共发放问卷 300 份，回收 273 份，回收率达到 91.00%。

本次调研共发放问卷 1000 份，回收 556 份，回收率为 55.6%，剔除其中 41 份存在调研信息缺失、答案呈现规律性作答情况的问卷，最终有效问卷数量为 515 份，问卷有效率为 92.63%。

我们要求受访者以匿名的方式填写问卷。问卷样本的选择采取随机抽样和方便抽样相结合的办法，即使是方便抽样，也尽量使研究对象是随机选择的，以保证问卷回收数据的准确性和有效性。问卷受访者的来源是多样化的，从而最大限度地避免了数据收集时可能产生的系统误差，保证数据是真实可靠的。

此外，为了检查本书可能存在的应答偏差（response bias），作者通过 SPSS 17.0 统计软件比较被调查者中早期回答者（early respondents，前 25%回收的问卷）和晚期回答者（late respondents，最后 25%回收的问卷）是否存在差异。该方法假设晚期回答者是同没有回答调查问卷者相近的样本。对照比较两组后，发现两组的控制变量（企业规模、企业年龄及关系持续时间）在5%的置信区间水平上不存在显著的差异。这初步说明该样本没有显著的无应答造成的偏差。因此，在本书中不存在应答偏差的问题。

4.4 研究样本

除了关系质量、关系行为与物流外包绩效等主要内容外，问卷中还包括受访者及所在企业的一些基本信息，如公司性质、所属行业、公司规模、所在地域、成立年数、受访者职位、受访者服务年限等，以检验样本的代表性。其中，公司性质分为国有企业、外商独资企业、民营企业、合资或合作企业4种企业类型；公司所属行业列举了电气机械和器材制造业、金属和非金属矿物制品业、木材加工和家具制造业、化学原料和化学制品制造业、汽车制造业、纺织服装制造业、石油加工业、食品制造业、医药制造业和其他制造业10个行业类型；公司规模按少于20人、20～299人、300～999人、1000人以上4个范围来划分；公司所在地域具体填写到所在市；公司成立年数按5年及以下、6～10年、11～15年、16～20年、21年及以上5个阶段划分；受访者在公司的职位分为高层管理者、中层管理者、基层管理者和一线员工4类；受访者在公司的服务年限分为少于1年、1～3年、4～10年和11年及以上4个阶段。

4.4.1 样本特征

样本企业基本情况统计如表4.4所示。从样本企业性质看，国有企业、外商独资企业、民营企业、合资或合作企业分别占样本总数的12.62%、8.74%、56.12%、22.52%，涉及范围较为广泛。从样本企业的地域分布看，来自华东地区的企业占样本总数的41.55%，来自东北地区、华南地区和华北地区的企业各占26.80%、14.37%和13.79%，来自西南地区、华中地区和西北地区的企业在样本总数中占3.49%，可见在地域分布上该样本具有较广泛的代表性。从所处行业的分布情况看，电气机械和器材制造业、金属和非金属矿物制品业、木材加工和家具制造业、化学原料和化学制品制造业、汽车制造业、纺织服装制造业、石油加工业、食品制造业和医药制造业分别占样本总数的25.43%、22.72%、13.40%、9.32%、6.99%、6.80%、4.08%、3.49%和2.33%，其他制造业占5.44%，涉及国家统计局行业分类标准（GB/T 4754—2017）中的大部分制造业行业，行业代表性较为广泛。从企业规模来看，根据2011年颁布的《关于印发中小企业划型标准规定的通知》，样本中的大、中、小、微型企业均有一定的分布，大型企业占样本总数的25.83%，中型企业占40.58%，小微型企业占33.59%。样本企业中，90%以上的企业成立年数均在6年以上。

表 4.4　样本企业基本情况统计

特征	分类	样本数	百分比/%
企业性质	国有企业	65	12.62
	外商独资企业	45	8.74
	民营企业	289	56.12
	合资或合作企业	116	22.52
企业所属行业	电气机械和器材制造业	131	25.43
	金属和非金属矿物制品业	117	22.72
	木材加工和家具制造业	69	13.40
	化学原料和化学制品制造业	48	9.32
	汽车制造业	36	6.99
	纺织服装制造业	35	6.80
	石油加工业	21	4.08
	食品制造业	18	3.49
	医药制造业	12	2.33
	其他制造业	28	5.44
企业规模	少于20人	12	2.33
	20～299人	161	31.26
	300～999人	209	40.58
	1000人以上	133	25.83
企业所在地域	华东地区	214	41.55
	东北地区	138	26.80
	华南地区	74	14.37
	华北地区	71	13.79
	西南地区	12	2.33
	华中地区	4	0.77
	西北地区	2	0.39
企业年龄	5年及以下	50	9.71
	6～10年	120	23.30
	11～15年	165	32.04
	16～20年	92	17.86
	21年及以上	88	17.09

在发放调查问卷时，我们要求受访者以匿名的方式填写，调查问卷受访者的基本情况统计具体如表4.5所示。在问卷受访者中，在被调研企业工作年限超过4年的人员占样本总数的66.22%，对问卷涉及的与物流外包关系相关问题的回答存在一定程度的合理性。问卷受访者的来源也具有多元性，其中，从事基层和中层

管理工作的受访者分别占样本总数的46.22%和33.98%，高层管理者占3.88%，线员工占15.92%，有效减少了数据收集时的系统误差。

表 4.5 问卷受访者基本情况统计

受访者背景		样本数	百分比/%
职位	高层管理者	20	3.88
	中层管理者	175	33.98
	基层管理者	238	46.22
	一线员工	82	15.92
服务年限	少于 1 年	37	7.18
	1～3 年	137	26.60
	4～10 年	236	45.83
	11 年及以上	105	20.39

4.4.2 描述性统计分析

描述性统计分析是定量描述所收集数据特征的方法，主要了解样本基本特征及各变量观察值的分布情况，主要统计指标有均值、标准差、偏度和峰度。其中均值和标准差分别是描述数据平均水平和数据间差异程度的统计指标；偏度和峰度是用于判断变量分布是否接近正态分布的指标，在统计分析中常常结合运用。分析之前，对问卷中的 RQ_{12} 和 RQ_{18} 两个题项进行了反向计分。问卷各测量题项的描述性统计分析结果如表 4.6 所示，各测量题项的偏度绝对值均小于 3，峰度绝对值均小于 10，表明数据基本上服从正态分布，可以为下一步分析所用。

表 4.6 问卷各测量题项的描述性统计分析结果

测量题项	最小值	最大值	均值	标准差	偏度	峰度
RQ_{11}	1	5	4.2330	0.8323	−1.373	2.727
RQ_{12}	1	5	3.6932	0.9937	−0.681	0.231
RQ_{13}	1	5	4.0369	0.7225	−0.491	0.398
RQ_{14}	1	5	3.8699	0.9107	−0.500	−0.090
RQ_{15}	1	5	3.7650	0.8894	−0.538	0.181
RQ_{16}	1	5	3.7670	0.9147	−0.426	−0.169
RQ_{17}	1	5	3.9262	0.8027	−0.455	0.166
RQ_{18}	1	5	3.2641	1.0823	−0.374	−0.378
RQ_{21}	1	5	4.0039	0.7690	−0.573	0.595
RQ_{22}	1	5	3.6136	0.9105	−0.355	−0.115
RQ_{23}	1	5	3.7689	0.8479	−0.425	0.040
RQ_{24}	1	5	3.2276	1.0225	−0.237	−0.382

续表

测量题项	最小值	最大值	均值	标准差	偏度	峰度
RQ_{25}	1	5	3.9515	0.8482	−0.868	1.185
RQ_{31}	1	5	3.5573	1.0317	−0.581	0.017
RQ_{32}	1	5	4.0350	0.9203	−0.941	0.750
RQ_{33}	1	5	4.0932	0.8728	−1.010	1.175
RQ_{41}	1	5	3.1184	0.9939	−0.394	−0.109
RQ_{42}	1	5	3.5825	1.1082	−0.515	−0.358
RQ_{43}	1	5	2.9748	1.0275	−0.155	−0.404
RQ_{44}	1	5	3.5437	1.1104	−0.534	−0.362
RQ_{45}	1	5	3.9592	1.0569	−0.901	0.220
RQ_{46}	1	5	3.0913	1.1709	−0.142	−0.722
RQ_{47}	1	5	2.6557	1.1136	−0.582	−0.429
RQ_{51}	1	5	2.7146	1.1426	−0.021	−0.908
RQ_{52}	1	5	2.5767	1.2158	0.215	−1.077
RQ_{53}	1	5	2.3262	1.1529	0.417	−0.798
RQ_{54}	1	5	2.5709	1.1787	0.123	−1.048
RQ_{55}	1	5	2.2990	1.0840	0.488	−0.570
RQ_{61}	1	5	3.3864	0.9379	−0.428	0.025
RQ_{62}	1	5	3.5592	1.0144	−0.336	−0.541
RQ_{63}	1	5	3.4971	0.9406	−0.337	−0.107
RQ_{64}	1	5	3.5942	0.8911	−0.269	−0.205
RQ_{65}	1	5	3.4039	0.9481	−0.279	−0.297
RB_{11}	1	5	2.9802	1.0335	−0.534	−0.398
RB_{12}	1	5	3.6834	1.2673	−0.127	−0.331
RB_{13}	1	5	3.0155	0.9669	−0.608	0.179
RB_{14}	1	5	2.8866	0.9207	−0.872	−0.646
RB_{21}	1	5	3.2964	0.8978	−0.178	−0.537
RB_{22}	1	5	3.3542	1.0823	−0.374	−0.378
RB_{23}	1	5	3.0873	0.7690	−0.573	0.595
RB_{24}	1	5	3.6874	0.9105	−0.355	−0.115
RB_{25}	1	5	3.5521	0.8479	−0.425	0.040
LOP_{11}	1	5	3.2089	1.0225	−0.237	−0.382
LOP_{12}	1	5	3.8961	0.8482	−0.868	1.185
LOP_{13}	1	5	4.0352	0.9045	−0.457	0.674
LOP_{14}	1	5	3.6642	1.0315	−0.743	0.029
LOP_{21}	1	5	3.3679	0.8872	−0.912	−0.267
LOP_{22}	1	5	3.5849	0.9965	−0.589	0.711
LOP_{23}	1	5	3.6180	0.7943	−0.698	−0.238

4.5 统计方法

本书问卷分析采用同类研究通用的结构方程建模方法。

按照一般程序，首先进行数据验证。对回收的问卷数据除了要进行描述性统计分析之外，还要采用 SPSS 17.0 和 AMOS 17.0 统计软件进行探索性因子分析和验证性因子分析。其中，SPSS 17.0 统计软件主要使用探索性因子分析的功能；AMOS 17.0 统计软件主要使用验证性因子分析的功能。然后对问卷调研回收的大样本数据进行结构方程分析，以对理论模型和研究假设进行检验。

小结

本章从探讨关系质量与物流外包绩效间影响机制的研究目的出发，提出本书研究总体构思框架：一是对物流外包情境下关系质量的构成要素进行研究；二是构建“关系质量—关系行为—物流外包绩效”的理论模型，探究关系质量与物流外包绩效间的关系及其间的行为传导机制，并进行科学的研究设计，包括确定变量测度、研究方法、研究样本和统计分析方法等。

第5章 实 证 研 究

5.1 物流外包关系质量结构维度的实证研究

5.1.1 测量问卷的信度、效度检验

信度（reliability）通常被用来反映量表测量的可靠性和准确性。本书采用目前使用最为广泛的信度指标，即克龙巴赫（Cronbach）的内部一致性系数（α 系数）来分析信度，以检验测量题项是否具有一致性和量表内部结构的良好性。根据 Nunnally（1978）与 Churchill 和 Peter（1984）所建议的信度标准，Cronbach's α 系数至少要大于 0.5，且最好能大于 0.7，才表明该量表的信度是可以接受的，若小于 0.35 则应拒绝。另外，要检验题项与总体间的相关系数，即项目总体相关系数（corrected item-total correlation，CITC）。如果 CITC 小于 0.4，则表明题项与量表之间的同质性不高，可以删除；如果 CITC 大于 0.5，则认为量表的信度较好。同时要考虑某个测量题项被删除后的 Cronbach's α 系数（Crohbach's alpha if item deleted，CAID），如果 CAID 增加，可以考虑删除该题项。

效度（validity）即正确性程度，是指测量工具确能测出所测对象真正特征的程度，包括内容效度和建构效度两个方面。内容效度是指测量内容能够反映或代表所测构念的程度。在评价内容效度时主要需注意 3 个方面的问题：一是反映构念内容的测量指标是否有遗漏；二是与构念内容无关的指标是否被包含；三是在估计构念的不同成分对测量分数的影响时是否有偏颇。内容效度的评价主要是通过专家或座谈小组进行主观判断，很少有定量的方法。本书的量表是在严谨的研究分析基础上选择的能够涵盖研究内容的测量指标，同时与企业和学术界的专家讨论修改，并经过预测试而最终形成，因此本书的量表具有较好的内容效度。建构效度反映了从量表中所获得的结果与设计量表时所依据的理论之间的契合程度，通常采用 KMO 样本充足度、Bartlett 球体检验及因子载荷系数等指标进行评价。KMO 值为 0～1，根据马庆国（2002）的建议，通常 KMO 值只要高于 0.7 就适合进行因子分析；Bartlett 球体检验的显著性概率小于或等于 P 值时，表明适合做因子分析；各题项的因子载荷系数只有大于 0.5 时，才可能通过因子分析将同一变量的各测量题项合并为一个因子进行后续分析，即该变量的测度具备有效性。

此外，量表各构面是否具有足够的收敛效度和区别效度还需要通过验证性因子分析进行检验，检验的结果可以作为调整或修正部分测量题项的依据。收敛效度是指测量同一构念的多重指标彼此间聚合或关联；区别效度与收敛效度相反，是指一个构念的多重指标与其他构念的测量指标之间应该不相关。

下面根据 Churchill（1979）提出的检验方法，对物流外包情境下关系质量的测量量表进行信度和效度检验，在此基础上对测量构念和题项进行因子分析。

5.1.2 CITC 和α信度检验

本书采用修正后 CITC 清除“垃圾测量项”来净化量表，如果测量题项的 CITC 值小于 0.4，且 CAID 增加，则删除该测量题项。问卷信度检验通过 Cronbach’s α 系数反映。本书对回收问卷中的 235 份数据进行 CITC 和 Cronbach’s α 系数检验。各测量题项的 CITC 和信度检验结果具体如表 5.1 所示。

表 5.1 物流外包关系质量量表的信度检验结果

变量	维度	测量题项	CITC	CAID	Cronbach’s α
关系质量（RQ）	信任（RQ_1）	RQ_{11}	0.612	0.706	0.757
		RQ_{12}	0.221	0.782	
		RQ_{13}	0.644	0.706	
		RQ_{14}	0.604	0.703	
		RQ_{15}	0.579	0.709	
		RQ_{16}	0.639	0.697	
		RQ_{17}	0.609	0.706	
		RQ_{18}	0.333	0.768	
	承诺（RQ_2）	RQ_{21}	0.547	0.792	0.812
		RQ_{22}	0.662	0.756	
		RQ_{23}	0.716	0.742	
		RQ_{24}	0.491	0.818	
		RQ_{25}	0.623	0.769	
	依赖（RQ_3）	RQ_{31}	0.442	0.767	0.722
		RQ_{32}	0.617	0.549	
		RQ_{33}	0.586	0.584	
	专用性投资（RQ_4）	RQ_{41}	0.619	0.841	0.859
		RQ_{42}	0.652	0.835	
		RQ_{43}	0.663	0.833	
		RQ_{44}	0.723	0.822	
		RQ_{45}	0.615	0.842	

续表

变量	维度	题项	CITC	CAID	Cronbach's α
关系质量（RQ）	专用性投资（RQ_4）	RQ_{46}	0.627	0.840	0.859
		RQ_{47}	0.642	0.851	
	感知的机会主义行为（RQ_5）	RQ_{51}	0.734	0.893	0.907
		RQ_{52}	0.742	0.891	
		RQ_{53}	0.827	0.873	
		RQ_{54}	0.787	0.881	
		RQ_{55}	0.739	0.892	
	创新（RQ_6）	RQ_{61}	0.620	0.844	0.859
		RQ_{62}	0.556	0.858	
		RQ_{63}	0.735	0.813	
		RQ_{64}	0.795	0.800	
		RQ_{65}	0.682	0.828	
物流外包关系质量（包含 33 个测量题项）					0.879

由表 5.1 中的数据可知，物流外包关系质量各维度的测量题项中，信任维度的题项 RQ_{12} 的 CITC 为 0.221，删除题项 RQ_{12} 后的整体 Cronbach's α 系数由 0.757 增加到 0.782；题项 RQ_{18} 的 CITC 为 0.333，删除题项 RQ_{18} 后的整体 Cronbach's α 系数由 0.757 增加到 0.768，为了提高量表的信度，本书考虑将 RQ_{12} 和 RQ_{18} 题项删除。其余题项的 CITC 均大于 0.4，最大值为 0.827，说明各测量题项有较高的信度，符合量表的基本测量要求。另外，物流外包关系质量的 6 个维度：信任、承诺、依赖、专用性投资、感知的机会主义行为和创新相应的 Cronbach's α 系数分别为 0.757、0.812、0.722、0.859、0.907 和 0.859，并且物流外包关系质量整体 Cronbach's α 系数是 0.879。各研究构面的 Cronbach's α 系数均超过 0.7 以上的可接受水平，表示构成量表的内部一致性可以接受，该量表具有较高的信度。

5.1.3 物流外包关系质量的探索性因子分析

作者对回收问卷中的 235 份数据进行探索性因子分析。在此之前，为了判定样本数据是否适合做探索性因子分析，首先要对物流外包关系质量的各个测量题项进行 KMO 测度和 Bartlett 球体检验，利用 SPSS 17.0 统计分析软件对数据进行处理后的输出结果具体如表 5.2 所示。检验结果表明，研究样本的 KMO 样本测度值大于 0.8，Bartlett 球体检验给出的显著性概率值小于 0.001，说明这组观测数据适合进行因子分析。

表 5.2 物流外包关系质量 KMO 样本测度和 Bartlett 球体检验结果（修正前）

KMO 样本测度		0.894
Bartlett 球体检验	近似卡方值（Approx. Chi-Square）	4205.468
	自由度（df）	465
	显著性概率（sig.）	0.000

在进行探索性因子分析时，参考陈晓萍等（2008）的建议，当同一维度的测量指标因子载荷较大（通常要大于 0.5），而这些指标在其他维度上的因子载荷较小（通常小于 0.5）时，表明该量表具有良好的内部结构，构念效度较高。在旋转后的因子载荷矩阵中，不能很好地归属于任何因子或因子载荷值低于 0.5 的指标要考虑删除。采用主成分分析方法，旋转方法是正交的方差极大旋转法，本书得到的经过正交转换后的物流外包关系质量的因子载荷矩阵，具体如表 5.3 所示。

表 5.3 物流外包关系质量探索性因子分析结果（修正前）

因子	测量题项	因子载荷						
		F_1	F_2	F_3	F_4	F_5	F_6	F_7
信任（RQ_1）	RQ_{11}	0.735						
	RQ_{13}	0.769						
	RQ_{14}	0.659						
	RQ_{15}	0.673						
	RQ_{16}	0.741						
	RQ_{17}	0.677						
承诺（RQ_2）	RQ_{21}				0.742			
	RQ_{22}				0.826			
	RQ_{23}				0.856			
	RQ_{24}				0.725			
	RQ_{25}				0.821			
依赖（RQ_3）	RQ_{31}					0.815		
	RQ_{32}					0.886		
	RQ_{33}					0.861		
专用性投资（RQ_4）	RQ_{41}			0.627				
	RQ_{42}			0.685				
	RQ_{43}			0.721				
	RQ_{44}			0.716				
	RQ_{45}			0.827				

续表

因子	测量题项	因子载荷						
		F_1	F_2	F_3	F_4	F_5	F_6	F_7
专用性投资（RQ_4）	RQ_{46}			0.658				
	RQ_{47}							0.635
感知的机会主义行为（RQ_5）	RQ_{51}		0.748					
	RQ_{52}		0.668					
	RQ_{53}		0.763					
	RQ_{54}		0.680					
	RQ_{55}		0.765					
创新（RQ_6）	RQ_{61}						0.723	
	RQ_{62}						0.678	
	RQ_{63}						0.608	
	RQ_{64}						0.765	
	RQ_{65}						0.806	
特征值		5.318	5.078	3.634	2.581	2.533	1.632	1.283
方差解释/%		17.726	16.926	12.113	8.602	8.442	5.441	4.275
累计方差解释/%		17.726	34.653	46.766	55.368	63.810	69.251	73.526

从表 5.3 的分析结果可以看到，RQ_{47}没有很好地归属于任何因子，故根据前面所述的删除及调整标准选择将其删除。

删除 RQ_{47}后，我们再次对物流外包关系质量的各个测量题项进行 KMO 测度和 Bartlett 球体检验，检验结果如表 5.4 所示。结果表明，样本 KMO 值大于 0.8，Bartlett 球体检验给出的显著性概率小于 0.001，说明样本数据适用于进行因子分析。

表 5.4 物流外包关系质量 KMO 样本测度和 Bartlett 球体检验结果（修正后）

KMO 样本测度		0.892
Bartlett 球体检验	近似卡方值（Approx. Chi-Square）	4262.856
	自由度（df）	496
	显著性概率（sig.）	0.000

这时测量量表剩下 30 个测量题项，再次进行探索性因子分析，得到表 5.5 的物流外包关系质量因子载荷矩阵。

表 5.5 物流外包关系质量探索性因子分析结果（修正后）

因子	测量题项	因子载荷					
		F_1	F_2	F_3	F_4	F_5	F_6
信任（RQ_1）	RQ_{11}	0.752					
	RQ_{13}	0.823					
	RQ_{14}	0.674					
	RQ_{15}	0.698					
	RQ_{16}	0.726					
	RQ_{17}	0.697					
承诺（RQ_2）	RQ_{21}				0.740		
	RQ_{22}				0.686		
	RQ_{23}				0.844		
	RQ_{24}				0.741		
	RQ_{25}				0.859		
依赖（RQ_3）	RQ_{31}					0.788	
	RQ_{32}					0.891	
	RQ_{33}					0.863	
专用性投资（RQ_4）	RQ_{41}			0.667			
	RQ_{42}			0.682			
	RQ_{43}			0.763			
	RQ_{44}			0.689			
	RQ_{45}			0.822			
	RQ_{46}			0.665			
感知的机会主义行为（RQ_5）	RQ_{51}		0.685				
	RQ_{52}		0.691				
	RQ_{53}		0.788				
	RQ_{54}		0.711				
	RQ_{55}		0.750				
创新（RQ_6）	RQ_{61}						0.702
	RQ_{62}						0.713
	RQ_{63}						0.682
	RQ_{64}						0.759
	RQ_{65}						0.798
特征值		5.134	4.996	3.421	2.369	2.273	1.558
方差解释/%		17.685	16.566	11.097	8.436	8.112	5.739
累计方差解释/%		17.685	34.251	45.348	53.784	61.896	66.892

根据探索性因子分析结果，F_1、F_2、F_3、F_4、F_5和F_6是从物流外包关系质量的30个测量题项中提取的6个因子，其中F_1包含6个测量题项、F_2包含5个测量题项、F_3包含6个测量题项、F_4包含5个测量题项、F_5包含3个测量题项、F_6包含5个测量题项，这些因子的累计方差解释为66.892%，基本与原构思符合。根据因素归类中测量项目的内容，分别将这6个因子命名为物流外包关系质量的信任维度、感知的机会主义行为维度、专用性投资维度、承诺维度、依赖维度和创新维度。通过计算，这6个维度的Cronbach's α系数均大于0.7，分别达到0.870、0.907、0.897、0.812、0.722和0.859，表明各个维度的测量项目间内部一致性较好，问卷信度较高。

在对物流外包关系质量进行验证性因子分析之前，先对6个维度的均值和标准差做一个描述性统计，同时进行相关分析，分析结果如表5.6所示。

表5.6 物流外包关系质量各维度的描述统计值和相关分析结果

因素	项数	均值	标准差	F_1	F_2	F_3	F_4	F_5	F_6
F_1信任	6	3.8525	0.724 68	—					
F_2感知的机会主义行为	5	2.5830	1.014 11	-0.363^{**}	—				
F_3专用性投资	6	2.9723	0.904 41	0.371^{**}	−0.046	—			
F_4承诺	5	3.6043	0.762 69	0.673^{**}	-0.240^{**}	0.493^{**}	—		
F_5依赖	3	3.5362	0.833 76	0.532^{**}	-0.150^{*}	0.536^{**}	0.627^{**}	—	
F_6创新	5	3.3617	0.849 17	0.559^{**}	−0.054	0.560^{**}	0.458^{**}	0.441^{**}	—

注：相关系数为皮尔森（Pearson）系数。
$^{**}P<0.01$；$^{*}P<0.05$。

从表5.6中可以看出，物流外包情境下的关系质量在信任维度、承诺维度、依赖维度和创新维度上处于偏上水平，在感知的机会主义维度和专用性投资维度上处于中等偏上水平。相关分析结果显示，物流外包情境下关系质量的各个维度之间大多存在显著的相关关系，只有感知的机会主义行为维度与专用性投资维度、创新维度虽然存在相关关系，但并不显著。考虑到在研究分析时确实发现部分学者并没有将感知的机会主义行为纳入关系质量的概念框架，所以我们得出了这样的设想，是否在物流外包情境下也可以将其排除，这一设想是我们在下面的验证性因子分析中提出物流外包情境下关系质量五维度模型的来源。

5.1.4 物流外包关系质量的验证性因子分析

为了进一步确认探索性因子分析所得的物流外包情境下关系质量的六维度结

构模型，本书基于问卷调查所得的另一部分样本（共280份）利用结构方程模型进行验证性因子分析，通过考察各构面是否具有足够的收敛效度和区别效度检验修正模型与假设。为此，我们首先需要对量表模型整体的拟合优度进行检验。通常采用的拟合指标有两大类，即绝对拟合指标和相对拟合指标。其中绝对拟合指标包括卡方自由度比（χ^2/df）、拟合优度指数（goodness of fit index，GFI）、调整拟合优度指数（adjust goodness of fit index，AGFI）、近似误差均方根（root mean square error approximation，RMSEA）；相对拟合指标包括标准拟合指数（normed fit index，NFI）、增值拟合指数（increamented fit index，IFI）和比较拟合指数（comparative fit index，CFI）等。

（1）χ^2/df

χ^2统计是结构方程模型中反映差性拟合的指标，如果在某种自由度下获得的χ^2值显著，说明观察矩阵和理论矩阵之间是不匹配的，反之则是理想的匹配。但是，由于样本量会对χ^2的显著程度造成影响，因此一般采用χ^2/df指标，通常χ^2/df为2～5，表明模型是可以接受的。

（2）GFI和AGFI

GFI类似于回归分析中的拟合优度（R^2），是用来反映理论模型的方差-协方差矩阵在多大程度上被模型定义的方差-协方差矩阵所预测的指标，取值范围为0～1，一般认为$GFI > 0.9$表示拟合较好。

但是由于GFI容易受样本大小的影响，因此有学者建议同时利用AGFI对模型的拟合效果进行评价，一般将$AGFI > 0.9$作为模型可接受的标准。

（3）RMSEA

RMSEA是用来比较理论模型与饱和模型差异的指标，其取值为0～1，该值越大表明模型拟合效果越差。一般认为当$RMSEA < 0.08$时，表明模型是可以被接受的；如果$RMSEA > 0.1$则应该拒绝模型。

（4）NFI、IFI和CFI

NFI反映假设模型与一个观察变量间没有任何共变假设的独立模型的差异程度；IFI是对NFI的修正，以降低NFI对样本规模的依赖；CFI通过与独立模型相比来评价拟合程度。NFI、IFI、CFI的取值范围均为0～1，通常认为这3个指标都大于0.9时表明模型可以接受。

Bentler和Chou（1987）提出，对于包含较多变量的模型，在实际研究中由于拟合的变量较多、模型较复杂等，完全达到上述一般认定的拟合标准是比较困难的，因此，可视具体情况适当放宽某些指标的取值下限（焦豪，2010）。根据以上分析，本书的拟合指标及其取值范围与理想取值如表5.7所示。

表 5.7 拟合指标及其取值范围与理想取值

拟合指标	取值范围	理想取值
χ^2/df	2～5	< 3
GFI	0～1	> 0.9
AGFI	0～1	> 0.9
RMSEA	0～1	< 0.08
NFI	0～1	> 0.9
IFI	0～1	> 0.9
CFI	0～1	> 0.9

我们根据表 5.7 描述的标准对物流外包关系质量进行验证性因子分析。我们将根据探索性因子分析的结果得到的物流外包关系质量六维度模型作为本书的基本模型。考虑也有学者在对关系质量的研究中，未将感知的机会主义行为维度纳入其中，综合前面的相关分析结果，我们拟将其剔除，提出一个五维度模型作为研究的备择模型。

对基本模型和备择模型采用 AMOS 17.0 结构方程建模软件进行构思验证，得到两个模型的整体拟合情况具体如表 5.8 所示。

表 5.8 基本模型和备择模型整体拟合情况

测量模型	χ^2/df	GFI	AGFI	RMSEA	NFI	IFI	CFI
五维度模型	3.312	0.785	0.771	0.122	0.826	0.918	0.902
六维度模型	3.145	0.827	0.840	0.066	0.851	0.922	0.913

在五维度模型中，RMSEA>0.1，这意味着五维度模型被拒绝。因此，我们仍然采用探索性因子分析得到的物流外包情境下关系质量的六维度模型。虽然六维度模型也有一些拟合指数达不到理想要求，如 GFI、AGFI、NFI，但综合来看，拟合指标处于可接受的范围，表明物流外包情境下关系质量的六维度模型的拟合效果尚可。而且，黄芳铭（2005）提出，无论如何都必须把理论的逻辑假设放在研究的首要位置考虑。综合前面的理论分析结果，以及表 5.7 中的拟合指数评价标准，我们认为物流外包情境下关系质量的六维度模型的拟合情况是可以接受的。验证性因子分析所得的物流外包情境下关系质量的六维度模型如图 5.1 所示。

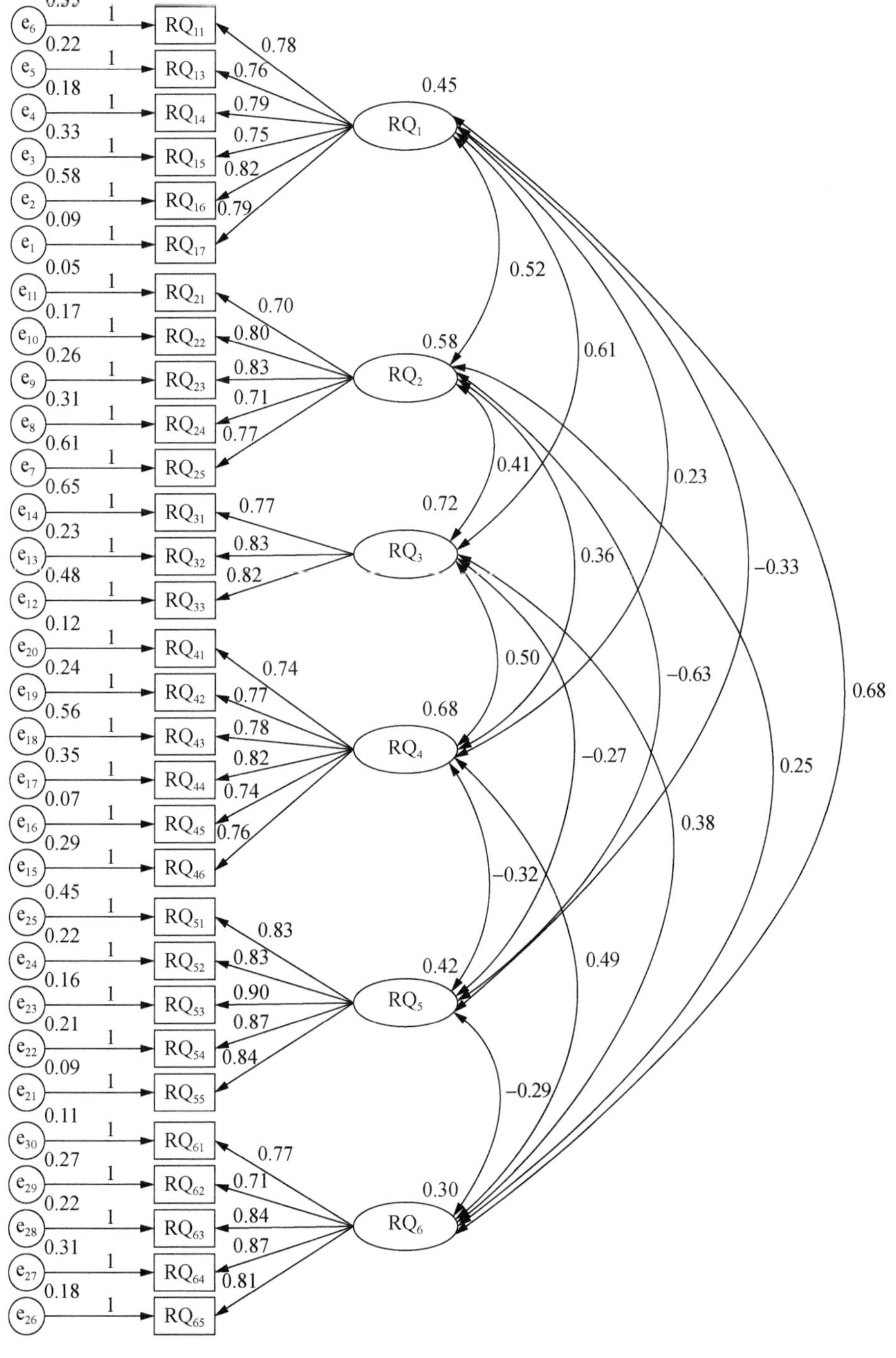

图 5.1　物流外包情境下关系质量的六维度模型

5.1.5 本节小结

在第 3 章理论推导与研究假设部分，作者通过对学者在不同研究领域、从不同研究视角、选择不同构成要素的关系质量维度的相关研究进行回顾分析，在物流外包情境下从客户企业的视角出发，聚集 B to B 研究领域，采用不同构成要素的分析方法，本书提出物流外包情境下关系质量的六维度模型。在第 5.1 节研究工作中，利用问卷调研得到我国制造企业大样本数据，通过对测量问卷进行信度、效度检验，采用探索性因子分析和验证性因子分析方法对物流外包情境下的关系质量结构维度进行实证分析。结果表明，物流外包情境下的关系质量是一个多维度的研究构念，包括信任、承诺、依赖、专用性投资、感知的机会主义行为和创新 6 个维度。这一结论明确物流外包关系质量是什么的问题，为后续关系质量对物流外包绩效影响机制的实证研究打下坚实的基础。

5.2 关系质量对物流外包绩效影响机制的实证研究

5.2.1 CITC 和 α 信度检验

本书采用修正后 CITC 来净化关系行为和物流外包绩效的测量题项，并利用 Cronbach's α 系数对问卷信度进行检验。如果测量题项的 CITC 小于 0.4，且 CAID 增加，则删除该测量题项。根据 Nunnally（1978）与 Churchill 和 Peter（1984）的建议，将 Cronbach's α 系数大于 0.7 作为量表信度可以接受的标准。本书对回收问卷中的 235 份数据进行了 CITC 和 Cronbach's α 系数检验。

1. 关系行为的 CITC 和 α 信度检验

关系行为各测量题项的 CITC 和 α 信度检验结果具体如表 5.9 所示。由表 5.9 中数据可知，关系行为各维度测量题项的 CITC 最小值为 0.440，最大值为 0.710，均大于 0.4 的标准，因此各测量题项具有较高的信度，符合量表的基本测量要求。另外，关系行为的两个维度，即合作和信息共享相应的 Cronbach's α 系数分别为 0.748 和 0.792。关系行为总的 Cronbach's α 系数是 0.850。各研究构面的 Cronbach's α 系数均超过 0.7 的可接受水平，表明该量表内部结构良好，信度较高。

表 5.9 关系行为量表的信度检验结果

变量	维度	题项	CITC	CAID	Cronbach's α
关系行为（RB）	合作（RB_1）	RB_{11}	0.475	0.796	0.748
		RB_{12}	0.710	0.595	
		RB_{13}	0.592	0.668	
		RB_{14}	0.558	0.684	
	信息共享（RB_2）	RB_{21}	0.440	0.804	0.792
		RB_{22}	0.601	0.743	
		RB_{23}	0.691	0.713	
		RB_{24}	0.577	0.752	
		RB_{25}	0.582	0.749	
关系行为（包含 9 个测量题项）					0.850

2. 物流外包绩效的 CITC 和 α 信度检验

物流外包绩效各测量题项的 CITC 和 α 信度检验结果具体如表 5.10 所示。由表 5.10 中数据可知，物流外包绩效各维度测量题项的 CITC 最小值为 0.680，最大值为 0.745，均大于 0.4 的标准，因此各测量题项有较高的信度，符合量表的基本测量要求。

表 5.10 物流外包绩效量表的信度检验结果

变量	维度	题项	CITC	CAID	Cronbach's α
物流外包绩效（LOP）	目标实现（LOP_1）	LOP_{11}	0.706	0.834	0.865
		LOP_{12}	0.745	0.817	
		LOP_{13}	0.696	0.836	
		LOP_{14}	0.721	0.825	
	目标超越（LOP_2）	LOP_{21}	0.728	0.764	0.844
		LOP_{22}	0.680	0.810	
		LOP_{23}	0.720	0.772	
物流外包绩效（包含 7 个测量题项）					0.889

另外，物流外包绩效的两个维度，即目标实现和目标超越相应的 Cronbach's α 系数分别为 0.865 和 0.844。物流外包绩效总的 Cronbach's α 系数是 0.889。各研究构面的 Cronbach's α 系数均超过 0.7 的可接受水平，表明该量表的信度较高。

由于关系行为和物流外包绩效的测量还不存在统一和广泛接受的标准，本书参考 CITC 和 α 信度检验结果，首先使用 SPSS 17.0 对关系行为和物流外包绩效的测量题项做探索性因子分析，确立和验证量表各维度的划分；然后利用 AMOS 17.0 对其做验证性因子分析以检查各构面是否具有足够的收敛效度和区分效度。

5.2.2 探索性因子分析

1. 关系行为的探索性因子分析

我们对回收问卷中的235份数据进行探索性因子分析。为了判定样本数据是否适合做探索性因子分析，我们首先要对关系行为的各个测量题项进行KMO测度和Bartlett球体检验，表5.11是SPSS 17.0统计分析软件对数据进行处理后的输出结果。检验结果表明，研究样本的KMO测度值大于0.8，Bartlett球体检验给出的显著性概率值小于0.001，说明这组观测数据适用于进行因子分析。

表5.11 关系行为KMO样本测度和Bartlett球体检验结果

KMO样本测度		0.847
Bartlett球体检验	近似卡方值（Approx. Chi-Square）	863.995
	自由度（df）	36
	显著性概率（sig.）	0.000

接下来，采用主成分分析方法，旋转方法是正交的方差极大旋转法，得到经过正交转换后的关系行为的因子载荷矩阵，具体如表5.12所示。所有测量题项的因子载荷均大于0.5，不存在旋转后不能很好归属的因子或交叉载荷等现象，根据陈晓萍等（2008）的建议，这表明该量表具有良好的内部结构，构念效度较高。

表5.12 关系行为量表的探索性因子分析结果

因子	测量题项	因子载荷	
		F_1	F_2
合作（RB_1）	RB_{11}	0.661	
	RB_{12}	0.761	
	RB_{13}	0.790	
	RB_{14}	0.864	
信息共享（RB_2）	RB_{21}		0.828
	RB_{22}		0.683
	RB_{23}		0.761
	RB_{24}		0.676
	RB_{25}		0.672
特征值		4.243	1.384
方差解释/%		47.144	15.382
累计方差解释/%		47.144	62.526

根据表5.12的分析结果，F_1和F_2是从关系行为的9个测量题项中提取出的2个因子，F_1包含4个测量题项，F_2包含5个测量题项，两个因子的累计方差解释

为 62.526%，与原构思相符。根据因素归类中测量项目的内容，本书将这 2 个因子分别命名为关系行为的合作维度和信息共享维度。通过计算，这两个维度的 Cronbach's α 系数均大于 0.7，分别达到 0.748 和 0.792，表明各个维度的测量项目间内部一致性较好，问卷信度可以接受。

2. 物流外包绩效的探索性因子分析

我们对回收问卷中的 235 份数据进行探索性因子分析。为了判定样本数据是否适合做探索性因子分析，我们首先要对物流外包绩效的各个测量项目进行 KMO 测度和 Bartlett 球体检验，表 5.13 是 SPSS 17.0 统计分析软件对数据进行处理后的输出结果。检验结果表明，研究样本的 KMO 测度值大于 0.8，Bartlett 球体检验给出的显著性概率值小于 0.001，说明这组观测数据适合于进行因子分析。

表 5.13 物流外包绩效 KMO 样本测度和 Bartlett 球体检验结果

KMO 样本测度		0.877
Bartlett 球体检验	近似卡方值（Approx. Chi-Square）	852.997
	自由度（df）	21
	显著性概率（sig.）	0.000

接下来，采用主成分分析方法，旋转方法是正交的方差极大旋转法，得到物流外包绩效的因子载荷矩阵，具体如表 5.14 所示。根据陈晓萍等（2008）的建议，所有测量题项的因子载荷均大于 0.5，不存在旋转后不能很好归属的因子或交叉载荷等现象，这表明该量表具有良好的内部结构，构念效度较高。

表 5.14 物流外包绩效量表的探索性因子分析结果

因子	测量题项	因子载荷	
		F_1	F_2
目标实现（LOP_1）	LOP_{11}	0.775	
	LOP_{12}	0.790	
	LOP_{13}	0.785	
	LOP_{14}	0.798	
目标超越（LOP_2）	LOP_{21}		0.749
	LOP_{22}		0.743
	LOP_{23}		0.793
特征值		4.219	1.225
方差解释/%		47.336	14.940
累计方差解释/%		47.336	62.276

根据表 5.14 的分析结果，F_1 和 F_2 是从物流外包绩效的 7 个测量题项中提取出的 2 个因子，F_1 包含 4 个测量题项，F_2 包含 3 个测量题项，两个因子的累计方

差解释为 62.276%，与原构思相符。根据因素归类中测量项目的内容，本书将这 2 个因子分别命名为物流外包绩效的目标实现维度和目标超越维度。通过计算，这两个维度的 Cronbach's α 系数均大于 0.7，分别达到 0.865 和 0.844，表明各个维度的测量项目间内部一致性较好，问卷信度较高。

5.2.3 验证性因子分析

在对研究构念进行探索性因子分析后，本书基于问卷调查所得的另一部分样本（共 280 份），利用结构方程模型进行验证性因子分析。为此，我们首先需要对模型整体的拟合优度进行检验，通常采用的拟合指标包括 χ^2/df 、GFI、AGFI、RMSEA、NFI、IFI 和 CFI 等。

由于拟合的变量较多、模型较复杂等，对于实际研究中包含较多变量的模型来说，完全达到上述这些拟合指标一般认定的拟合标准是比较困难的，因此根据 Bentler 和 Chou（1987）的建议可以视具体情况适当放宽某些指标的取值下限（焦豪，2010）。本书的拟合指标及其取值范围与理想取值如表 5.15 所示。

表 5.15 拟合指标及其取值范围与理想取值

拟合指标	取值范围	理想取值
χ^2/df	2～5	< 3
GFI	0～1	> 0.9
AGFI	0～1	> 0.9
RMSEA	0～1	< 0.08
NFI	0～1	> 0.9
IFI	0～1	> 0.9
CFI	0～1	> 0.9

1. 关系行为的验证性因子分析

前面已经通过探索性因子分析结果和理论推导得到一个两维度的关系行为模型，我们将其作为本书验证性因子分析的基本模型。接下来，根据表 5.15 中描述的拟合标准对关系行为的两维度结构模型进行验证性因子分析。采用 AMOS 17.0 结构方程建模软件对实证数据进行处理，得到基本模型的整体拟合情况，具体如表 5.16 所示。

表 5.16 关系行为两维度模型拟合情况

测量模型	χ^2/df	GFI	AGFI	RMSEA	NFI	IFI	CFI
两维度模型	3.443	0.910	0.852	0.077	0.920	0.907	0.912

在关系行为的两维度模型中，χ^2/df 为 3.443，处于标准取值范围；GFI 为 0.910（> 0.9），RMSEA 为 0.077（< 0.08），NFI、IFI 和 CFI 分别为 0.920、0.907 和 0.912，均大于 0.9，各项指标均符合拟合要求。虽然 AGFI 为 0.852，没有达到理想要求，但比较接近，因此从总体上看，假设的理论模型与数据的拟合度还是可以接受的。因此，本书采用关系行为的这一两维度模型。验证性因子分析所得的关系行为两维度模型如图 5.2 所示。

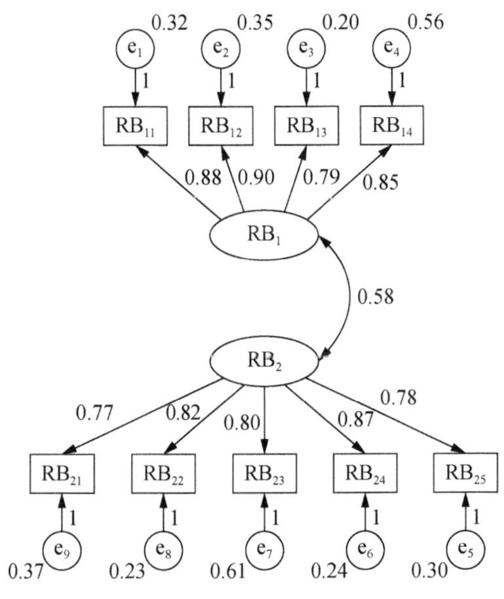

图 5.2 关系行为两维度模型

2. 物流外包绩效的验证性因子分析

前面已经通过探索性因子分析结果和理论推导得到了一个两维度的物流外包绩效模型，我们将其作为本书验证性因子分析的基本模型。接下来，我们根据表 5.15 中描述的拟合标准对物流外包绩效的两维度结构模型进行验证性因子分析。采用 AMOS 17.0 结构方程建模软件对实证数据进行处理，得到基本模型的整体拟合情况，具体如表 5.17 所示。

表 5.17 物流外包绩效两维度模型拟合情况

测量模型	χ^2/df	GFI	AGFI	RMSEA	NFI	IFI	CFI
两维度模型	2.513	0.923	0.866	0.075	0.917	0.925	0.925

在物流外包绩效的两维度模型中，χ^2/df 为 2.513，处于标准取值范围；GFI 为 0.923（> 0.9），RMSEA 为 0.075（< 0.08），NFI、IFI 和 CFI 分别为 0.917、0.925 和 0.925，均大于 0.9，各项指标均符合拟合要求。虽然 AGFI 为 0.866，没有达到

理想要求，但从总体上看，假设的理论模型与数据的拟合度还是可以接受的。因此，本书采用物流外包绩效的这一两维度模型。验证性因子分析所得的物流外包绩效两维度模型如图 5.3 所示。

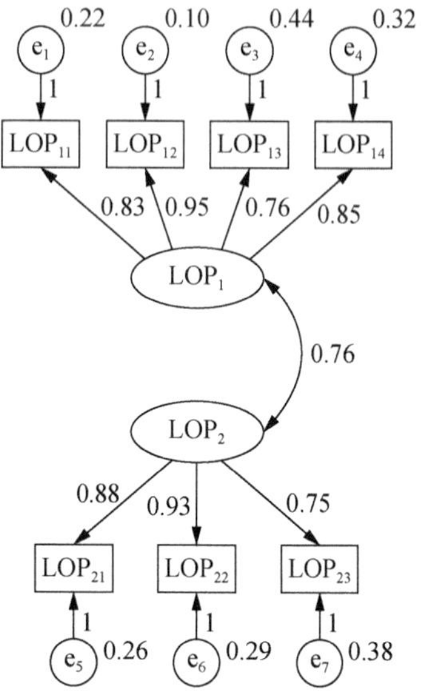

图 5.3　物流外包绩效两维度模型

5.2.4　控制变量

本书关注的是关系质量及各维度对物流外包绩效的影响，以及关系行为的中介作用，但是考虑到存在一些其他的因素可能会对关系行为和物流外包绩效产生影响，为了更好地检验本书提出的理论模型和假设，本书将对一些主要的影响变量（包括企业规模、企业年龄及关系持续时间）进行必要的控制。

企业规模是影响企业行为和决策的重要变量。通常企业规模越大，经营范围越广，业务越复杂，物流管理任务的完成难度越大。如果外包物流业务，规模较大的企业所需要的物流服务更加复杂，对物流服务提供商的各方面要求也会更高。因此，双方之间的关系质量高低对物流外包是否成功的影响就会更明显。本书将问卷调研时企业所拥有的员工数量作为企业规模的代理变量进行测度。

企业年龄也可能是影响关系行为与物流外包绩效的重要因素。如果企业经营时间较长，往往就能够积累较多的知识和经验，在与物流服务提供商的合作过程中更懂得如何与其建立和维持关系，以及处理各种与关系相关的问题，并采取相应的行动以促进物流外包的最终成功。在本书中，企业年龄为企业自成立起到问卷调研时为止所经历的年数。

另外，关系持续时间也被认为可能影响合作双方的关系行为和物流外包绩效。

合作关系持续的时间越长，合作双方越熟悉，合作起来就更容易，企业能够采取的关系行为就越多（Anderson and Weitz，1989）。在本书中，关系持续时间为企业与主要的物流服务提供商自开展合作到问卷调研时为止所经历的年数。

5.2.5 整体测量模型的检验

首先，我们利用收集到的 515 份问卷的调查数据对测量模型进行量表的信度和效度分析。

1. 信度分析

本书采用 Cronbach's α 系数与 CITC 来检验量表各构念与量表整体的信度。通常将 Cronbach's α 系数大于 0.7 作为量表信度检验的标准。如果测量题项的 CITC 小于 0.4，且 CAID 增加，则删除该测量题项。根据这些判断标准，利用 SPSS 17.0 统计软件对数据进行分析，具体分析结果如表 5.18 所示。

表 5.18 量表总体的信度分析结果

变量	维度	题项	CITC	CAID	Cronbach's α
关系质量（RQ）	信任（RQ_1）	RQ_{11}	0.662	0.816	0.881
		RQ_{13}	0.673	0.818	
		RQ_{14}	0.635	0.818	
		RQ_{15}	0.648	0.817	
		RQ_{16}	0.685	0.812	
		RQ_{17}	0.662	0.816	
	承诺（RQ_2）	RQ_{21}	0.589	0.836	0.849
		RQ_{22}	0.712	0.804	
		RQ_{23}	0.745	0.796	
		RQ_{24}	0.585	0.844	
		RQ_{25}	0.694	0.810	
	依赖（RQ_3）	RQ_{31}	0.597	0.805	0.806
		RQ_{32}	0.711	0.675	
		RQ_{33}	0.666	0.726	
	专用性投资（RQ_4）	RQ_{41}	0.709	0.882	0.897
		RQ_{42}	0.727	0.879	
		RQ_{43}	0.654	0.889	
		RQ_{44}	0.800	0.867	
		RQ_{45}	0.707	0.882	
		RQ_{46}	0.742	0.877	

续表

变量	维度	题项	CITC	CAID	Cronbach's α
关系质量（RQ）	感知的机会主义行为（RQ_5）	RQ_{51}	0.782	0.908	0.922
		RQ_{52}	0.780	0.909	
		RQ_{53}	0.840	0.896	
		RQ_{54}	0.806	0.903	
		RQ_{55}	0.785	0.907	
	创新（RQ_6）	RQ_{61}	0.685	0.860	0.879
		RQ_{62}	0.637	0.873	
		RQ_{63}	0.753	0.844	
		RQ_{64}	0.767	0.841	
		RQ_{65}	0.726	0.850	
关系行为（RB）	合作（RB_1）	RB_{11}	0.500	0.805	0.798
		RB_{12}	0.744	0.681	
		RB_{13}	0.664	0.730	
		RB_{14}	0.576	0.764	
	信息共享（RB_2）	RB_{21}	0.577	0.849	0.853
		RB_{22}	0.663	0.823	
		RB_{23}	0.750	0.799	
		RB_{24}	0.671	0.821	
		RB_{25}	0.680	0.818	
物流外包绩效（LOP）	目标实现（LOP_1）	LOP_{11}	0.723	0.873	0.890
		LOP_{12}	0.791	0.847	
		LOP_{13}	0.762	0.858	
		LOP_{14}	0.762	0.858	
	目标超越（LOP_2）	LOP_{21}	0.577	0.769	0.873
		LOP_{22}	0.663	0.741	
		LOP_{23}	0.750	0.768	

从表 5.18 的分析结果可以看出，各变量维度所有题项的 CITC 均大于 0.4，量表整体信度均大于 0.7，表明量表的内部一致性较高，信度较好，符合研究要求。

2. 效度分析

除了对测量量表的信度进行检验之外，为了确保量表能够充分而适当地捕获或描述特定概念的内涵，还要对量表的效度进行分析。

为衡量量表的建构效度，本书进行验证性因子分析，采用 AMOS 17.0 统计软件的分析结果，表明测量模型的拟合度可以接受：$\chi^2/df=3.023$，GFI=0.875，

AGFI=0.843，RMSEA=0.063，NFI=0.939，IFI=0.918，CFI=0.926。

接下来，本书主要采用标准化因子载荷、组合信度（composite reliability，CR）和平均提炼方差（average variance extracted，AVE）来检验收敛效度，分析结果如表5.19所示。

表5.19 测量量表的标准化因子载荷、CR和AVE结果

构念	题项	标准化因子载荷	CR	AVE
信任（RQ_1）	RQ_{11}	0.721	0.858	0.502
	RQ_{13}	0.695		
	RQ_{14}	0.716		
	RQ_{15}	0.692		
	RQ_{16}	0.721		
	RQ_{17}	0.705		
承诺（RQ_2）	RQ_{21}	0.698	0.856	0.543
	RQ_{22}	0.745		
	RQ_{23}	0.803		
	RQ_{24}	0.664		
	RQ_{25}	0.767		
依赖（RQ_3）	RQ_{31}	0.727	0.815	0.597
	RQ_{32}	0.844		
	RQ_{33}	0.741		
专用性投资（RQ_4）	RQ_{41}	0.739	0.898	0.596
	RQ_{42}	0.783		
	RQ_{43}	0.679		
	RQ_{44}	0.854		
	RQ_{45}	0.782		
	RQ_{46}	0.784		
感知的机会主义行为（RQ_5）	RQ_{51}	0.812	0.923	0.705
	RQ_{52}	0.813		
	RQ_{53}	0.885		
	RQ_{54}	0.853		
	RQ_{55}	0.834		
创新（RQ_6）	RQ_{61}	0.801	0.884	0.604
	RQ_{62}	0.821		
	RQ_{63}	0.807		
	RQ_{64}	0.709		
	RQ_{65}	0.741		

续表

构念	题项	标准化因子载荷	CR	AVE
合作（RB_1）	RB_{11}	0.659	0.819	0.532
	RB_{12}	0.801		
	RB_{13}	0.728		
	RB_{14}	0.723		
信息共享（RB_2）	RB_{21}	0.609	0.856	0.545
	RB_{22}	0.703		
	RB_{23}	0.792		
	RB_{24}	0.803		
	RB_{25}	0.767		
目标实现（LOP_1）	LOP_{11}	0.788	0.892	0.673
	LOP_{12}	0.837		
	LOP_{13}	0.834		
	LOP_{14}	0.821		
目标超越（LOP_2）	LOP_{21}	0.834	0.876	0.702
	LOP_{22}	0.827		
	LOP_{23}	0.852		

根据 Fornell 和 Larcker（1981）的建议，可以根据 3 项标准来判断测量量表是否具有收敛效度，即所有标准化因子载荷要大于 0.5 且达到显著性水平（P<0.05 或者 P<0.01）、CR 要大于 0.8、AVE 要大于 0.5。表 5.19 中的检验结果表明，各个题项的标准化因子载荷均大于 0.5，最低的 CR 为 0.815，AVE 都在 0.5 以上，处于可以接受的水平，因此，本量表的收敛效度较强。

对区别效度的检验有两种方式：一是以两两构面之间的相关系数作为衡量标准，如果相关系数小于 0.85，就可认为测量量表具有一定程度的区别效度；二是根据 Fornell 和 Larcker（1981）的建议，将各构念间完全标准化相关系数与所涉及各构念自身 AVE 的平方根进行比较后的结果作为衡量标准，如果测量模型中任何一个构念的 AVE 平方根都大于与其他构念的相关系数，则表明各构念间存在足够的区别效度，反之，则区别效度不够。根据上述检验标准，测量量表区别效度检验结果如表 5.20 所示。

从表 5.20 可以看出，模型中各构念间的相关系数均小于 0.85，模型中每个构念的 AVE 的平方根都大于该构念与其他构念的相关系数，表明各构念之间存在较高的区别效度。

表 5.20 测量量表区别效度检验结果

因子	RQ_1	RQ_2	RQ_3	RQ_4	RQ_5	RQ_6	RB_1	RB_2	LOP_1	LOP_2
RQ_1	0.709									
RQ_2	0.705**	0.737								
RQ_3	0.636**	0.685**	0.772							
RQ_4	0.525**	0.595**	0.692**	0.772						
RQ_5	−0.556**	−0.428**	−0.358**	−0.252**	0.840					
RQ_6	0.654**	0.578**	0.556**	0.633**	−0.331**	0.777				
RB_1	0.692**	0.666**	0.616**	0.579**	−0.427**	0.708**	0.730			
RB_2	0.634**	0.615**	0.612**	0.664**	−0.363**	0.673**	0.726**	0.738		
LOP_1	0.689**	0.680**	0.637**	0.589**	−0.483**	0.717**	0.720**	0.734**	0.820	
LOP_2	0.578**	0.604**	0.627**	0.685**	−0.353**	0.632**	0.658**	0.684**	0.730**	0.838

注：相关系数为皮尔森（Pearson）系数。
**$P < 0.01$。对角线上的数值为各潜变量对应的 AVE 值的平方根，对角线以下的数值为各潜变量的相关系数。

3. 共同方法偏差分析

共同方法偏差（common method bias，CMB）是指由于同样的数据来源或评分者、同样的测量环境、项目语境及项目本身特征所造成的预测变量与效标变量之间的人为的共变性。它是源于测量方法而不是研究构念的一种变异，在心理学、行为科学尤其是问卷法中广泛存在。在绝大多数情况下，共同方法偏差会导致概念间相关性的膨胀，而导致第一类误差，造成知识累计错误；共同方法偏差有时会造成概念间相关性的降低，而导致第二类误差，造成错失显著的概念相关。本书在问卷设计和数据收集过程中均采取了一定措施来预防该问题。首先，在问卷设计过程中，尽量打乱相关题项的逻辑顺序，并适当设置反向题项克服受访者的填写惯性；其次，在数据收集过程中，让受访者隐匿姓名信息，并强调问卷的答案并无对错之分，防止被调查者为了迎合社会赞许或赞同的价值观而带来填写偏差。而且，问卷受访者的来源是多样化的，从而最大限度地避免数据收集时可能产生的系统误差，保证数据是真实可靠的。

但是，采取了以上措施能够在多大程度上起到避免共同方法偏差的作用，还有待进一步检验。本书采用控制非可测的潜在因子方法来检验共同方法偏差问题，具体而言，是在原有的结构方程模型中加入新的潜在标记变量，作为共同方法因子，并比较前后两个模型的拟合程度，如果引入新潜在变量的模型各项拟合指数明显优于原有模型，则变量之间存在严重的共同方法偏差问题。本书中的标记变量是受访者所在位置，通过检查标记变量与其他变量的相关系数，我们把其中最低的正相关系数作为 R_m（R_m=0.012）。将这个相关系数排除后，对原始相关系数与共同方法偏差调整后的相关系数进行对比，并没有发现显著差异。此外，引入标记变量之后的拟合指数并没有得到显著改善，检验结果如表 5.21 所示。该方法分析结果表明，本书中的共同方法偏差问题并不严重，所收集的数据可以进行有效的分析。

表 5.21　共同方法偏差检验结果

模型	χ^2 / df	GFI	AGFI	RMSEA	IFI	CFI
控制前	3.077	0.786	0.736	0.064	0.877	0.877
控制后	3.068	0.772	0.731	0.063	0.878	0.877

5.2.6　整体结构模型的检验

对于整体结构模型的检验，本书基于最大似然法的结构方程模型，构造出关系质量、合作和信息共享、目标实现与目标超越间的整合分析框架，系统地剖析各个变量之间的相互影响关系，特别是合作和信息共享在关系质量与物流外包绩效间的中介效应，同时把企业规模、企业年龄和关系持续时间作为控制变量，进而检验和证实前述研究假设。

1. 关系质量与物流外包绩效关系的检验

图 5.4 显示的是关系质量与物流外包绩效关系模型的路径分析结果。图 5.4 中 RQ_1 对应的 6 个题项的路径系数最大值为 0.79，最小值为 0.73；RQ_2 对应的 5 个题项的路径系数最大值为 0.81，最小值为 0.68；RQ_3 对应的 3 个题项的路径系数最大值为 0.86，最小值为 0.71；RQ_4 对应的 6 个题项的路径系数最大值为 0.86，最小值为 0.68；RQ_5 对应的 5 个题项的路径系数最大值为 0.89，最小值为 0.81；RQ_6 对应的 5 个题项的路径系数最大值为 0.83，最小值为 0.70；LOP_1 对应的 4 个题项的路径系数最大值为 0.84，最小值为 0.75；LOP_2 对应的 3 个题项的路径系数最大值为 0.85，最小值为 0.83。在社会科学研究中由于受测量的本质特征、外在干扰与测量误差、构念的形成及争议等多种因素的影响，量表的因子载荷系数往往偏小，根据 Tabachnica 和 Fidell 建议，可以将 0.55 作为良好的标准（郑兵云，2011）。图 5.4 的关系模型中所有路径系数都是大于 0.55 的，因此这些变量的测量题项是合适的。

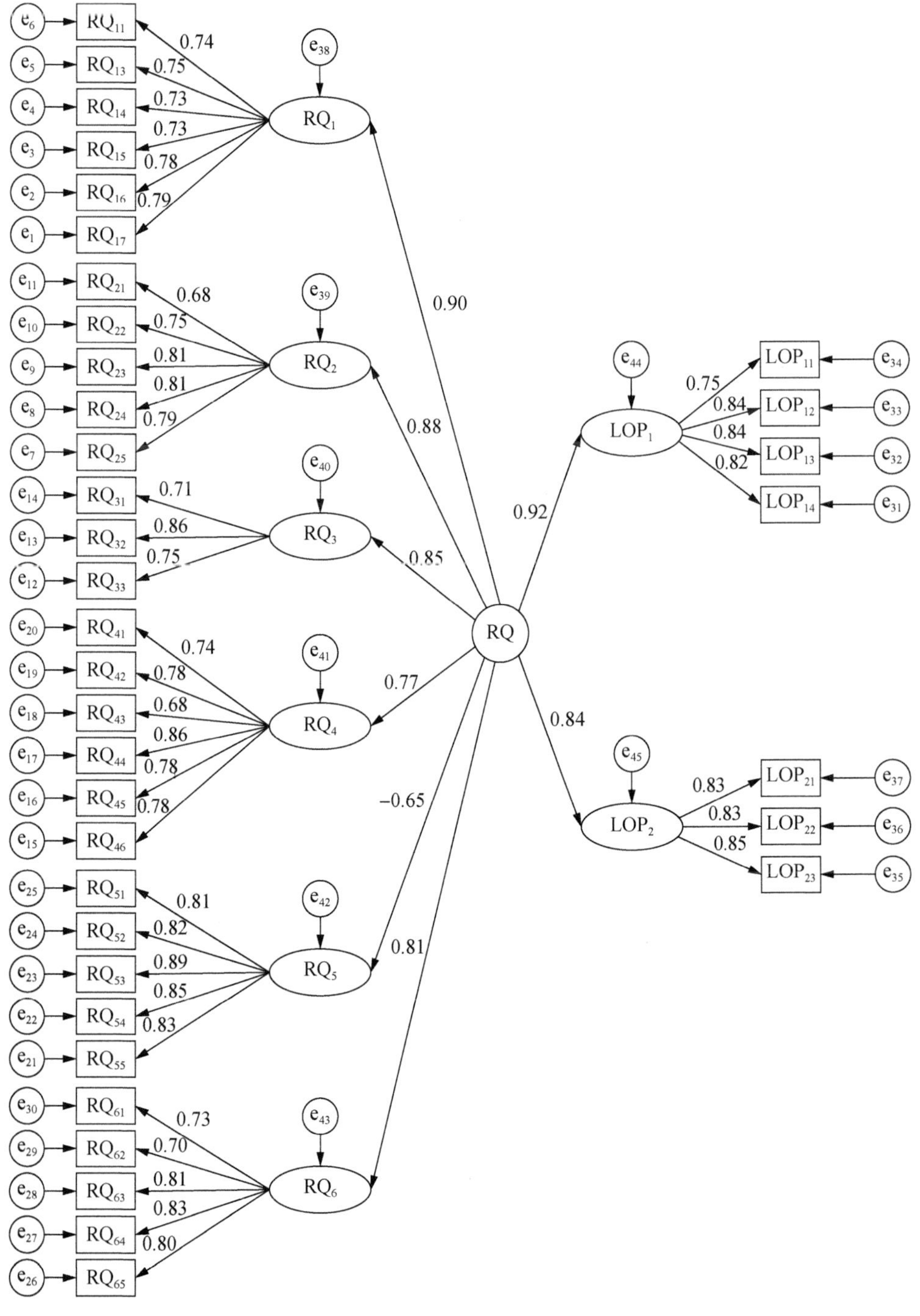

图 5.4　关系质量与物流外包绩效的关系模型

表 5.22 是关系质量与物流外包绩效关系模型的拟合优度检验结果。本模型的

大部分拟合度指标（GFI、RMSEA、NFI、IFI 和 CFI）达到一般认定的评价标准，而 χ^2 / df 虽然大于 3，但不显著；AGFI 虽然小于 0.9，没有达到理想的拟合标准，但仍比较接近。按照 Bentler 和 Chou（1987）的建议，总体上看本模型拟合的结果是可以接受的。

表 5.22 关系质量与物流外包绩效关系模型拟合优度检验结果

拟合指标	评价标准	指标值	拟合情况
χ^2 / df	< 3	3.378	大于 3，但不显著
GFI	> 0.9	0.906	非常好
AGFI	> 0.9	0.880	小于但接近 0.9，可以接受
RMSEA	< 0.08	0.068	非常好
NFI	> 0.9	0.937	非常好
IFI	> 0.9	0.922	非常好
CFI	> 0.9	0.921	非常好

表 5.23 是关系质量与物流外包绩效关系假设的检验结果。结果显示关系质量对目标实现和目标超越的正向影响都是显著的，且显著性水平都小于 0.05，这表明假设 H_1 和 H_2 被接受。

表 5.23 关系质量与物流外包绩效关系假设检验结果

路径	标准化估计值	P	对应假设	结论
$LOP_1 \leftarrow RQ$	0.923	<0.05	H_1	接受
$LOP_2 \leftarrow RQ$	0.840	<0.05	H_2	接受

（1）关系质量与目标实现关系的检验

图 5.5 显示的是关系质量与目标实现关系模型的路径分析结果。图 5.5 中 7 个测量变量的所有路径系数都大于 0.55，表明这些变量的测量题项是合适的。其中，RQ_1 对应的 6 个题项的路径系数最大值为 0.79，最小值为 0.71；RQ_2 对应的 5 个题项的路径系数最大值为 0.84，最小值为 0.67；RQ_3 对应的 3 个题项的路径系数最大值为 0.86，最小值为 0.66；RQ_4 对应的 6 个题项的路径系数最大值为 0.86，最小值为 0.69；RQ_5 对应的 5 个题项的路径系数最大值为 0.89，最小值为 0.81；RQ_6 对应的 5 个题项的路径系数最大值为 0.85，最小值为 0.67；LOP_1 对应的 4 个题项的路径系数最大值为 0.73，最小值为 0.65。

表 5.24 是关系质量与目标实现关系模型的拟合优度检验结果。本模型的大部分拟合度指标（RMSEA、NFI、IFI 和 CFI）达到一般认定的评价标准，而 χ^2 / df 虽然大于 3，但不显著；GFI 和 AGFI 虽然小于 0.9，没有达到理想的拟合标准，但都比较接近。按照 Bentler 和 Chou（1987）的建议，总体上看本模型拟合的结果是可以接受的。

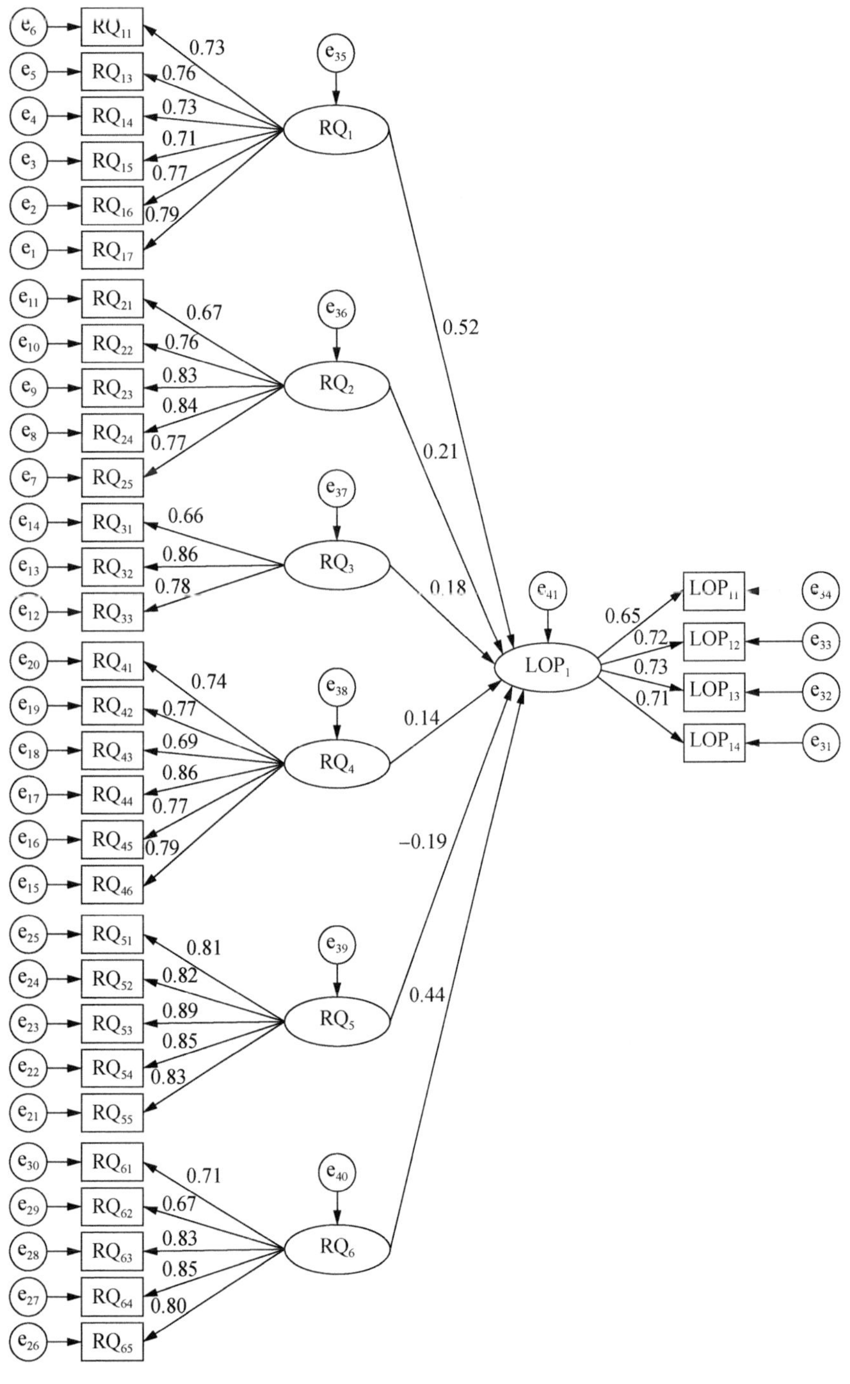

图 5.5 关系质量与目标实现的关系模型

表 5.24　关系质量与目标实现关系模型拟合优度检验结果

拟合指标	评价标准	指标值	拟合情况
χ^2 / df	<3	3.174	大于 3，但不显著
GFI	>0.9	0.885	小于但接近 0.9，可以接受
AGFI	>0.9	0.842	小于但接近 0.9，可以接受
RMSEA	<0.08	0.078	非常好
NFI	>0.9	0.938	非常好
IFI	>0.9	0.935	非常好
CFI	>0.9	0.910	非常好

表 5.25 是关系质量各维度与目标实现关系假设的检验结果。结果显示信任、承诺、依赖、专用性投资、感知的机会主义行为和创新对目标实现的影响都达到最低显著性水平（$P<0.05$），这表明假设 H_{1a}、H_{1b}、H_{1c}、H_{1d}、H_{1e} 和 H_{1f} 均被接受。

表 5.25　关系质量各维度与目标实现关系假设检验结果

路径	估计值	标准误差	检验统计量	P	标准化回归系数	对应假设	结论
$LOP_1 \leftarrow RQ_1$	0.398	0.040	9.965	<0.05	0.519	H_{1a}	接受
$LOP_1 \leftarrow RQ_2$	0.152	0.031	4.910	<0.05	0.209	H_{1b}	接受
$LOP_1 \leftarrow RQ_3$	0.125	0.030	4.204	<0.05	0.179	H_{1c}	接受
$LOP_1 \leftarrow RQ_4$	0.071	0.021	3.398	<0.05	0.137	H_{1d}	接受
$LOP_1 \leftarrow RQ_5$	−0.099	0.022	−4.610	<0.05	−0.187	H_{1e}	接受
$LOP_1 \leftarrow RQ_6$	0.280	0.031	9.150	<0.05	0.444	H_{1f}	接受

（2）关系质量与目标超越关系的检验

图 5.6 显示的是关系质量与目标超越关系模型的路径分析结果。图 5.6 中 7 个测量变量的所有路径系数都大于 0.55，表明这些变量的测量题项是合适的。其中，RQ_1 对应的 6 个题项的路径系数最大值为 0.77，最小值为 0.68；RQ_2 对应的 5 个题项的路径系数最大值为 0.84，最小值为 0.67；RQ_3 对应的 3 个题项的路径系数最大值为 0.87，最小值为 0.66；RQ_4 对应的 6 个题项的路径系数最大值为 0.86，最小值为 0.68；RQ_5 对应的 5 个题项的路径系数最大值为 0.89，最小值为 0.81；RQ_6 对应的 5 个题项的路径系数最大值为 0.85，最小值为 0.67；LOP_2 对应的 3 个题项的路径系数最大值为 0.78，最小值为 0.74。

表 5.26 是关系质量与目标超越关系模型的拟合优度检验结果。本模型的大部分拟合度指标（GFI、RMSEA、NFI、IFI 和 CFI）达到一般认定的评价标准，而 χ^2 / df 虽然大于 3，但不显著；AGFI 虽然小于 0.9，没有达到理想的拟合标准，但仍比较接近。按照 Bentler 和 Chou（1987）的建议，总体上看本模型拟合的结果是可以接受的。

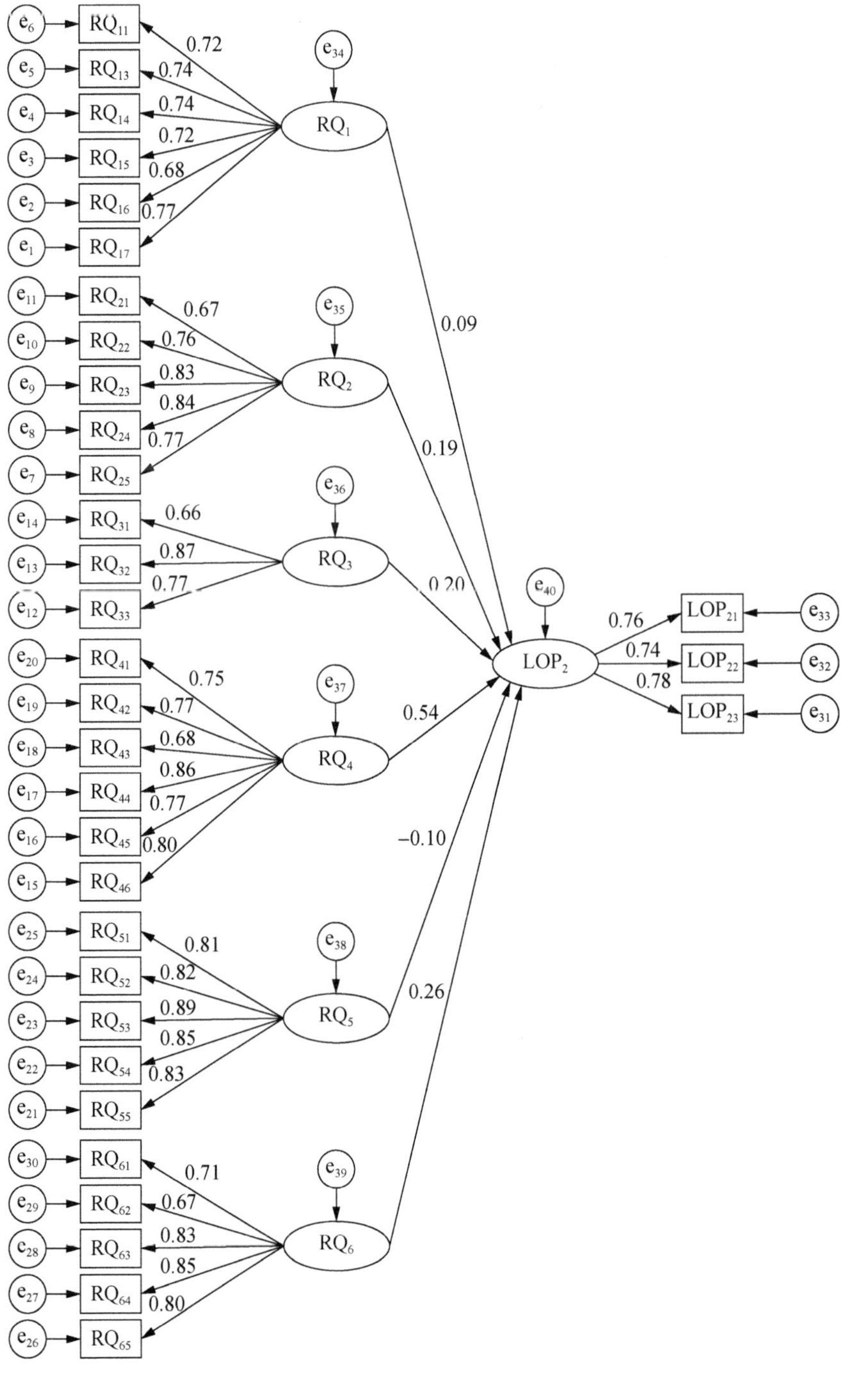

图 5.6　关系质量与目标超越的关系模型

表 5.26 关系质量与目标超越关系模型拟合优度检验结果

拟合指标	评价标准	指标值	拟合情况
χ^2 / df	<3	3.409	大于 3，但不显著
GFI	>0.9	0.914	非常好
AGFI	>0.9	0.889	小于但接近 0.9，可以接受
RMSEA	<0.08	0.063	非常好
NFI	>0.9	0.932	非常好
IFI	>0.9	0.917	非常好
CFI	>0.9	0.936	非常好

表 5.27 是关系质量各维度与目标超越关系假设的检验结果。结果显示信任、承诺、依赖、专用性投资、感知的机会主义行为和创新对目标超越的影响都达到最低显著性水平（$P<0.05$），这表明假设 H_{2a}、H_{2b}、H_{2c}、H_{2d}、H_{2e} 和 H_{2f} 均被接受。

表 5.27 关系质量各维度与目标超越关系假设检验结果

路径	估计值	标准误差	检验统计量	P	标准化回归系数	对应假设	结论
$LOP_2 \leftarrow RQ_1$	0.084	0.039	2.168	<0.05	0.093	H_{2a}	接受
$LOP_2 \leftarrow RQ_2$	0.166	0.038	4.375	<0.05	0.193	H_{2b}	接受
$LOP_2 \leftarrow RQ_3$	0.161	0.037	4.330	<0.05	0.195	H_{2c}	接受
$LOP_2 \leftarrow RQ_4$	0.322	0.030	10.721	<0.05	0.541	H_{2d}	接受
$LOP_2 \leftarrow RQ_5$	−0.062	0.026	−2.383	<0.05	−0.100	H_{2e}	接受
$LOP_2 \leftarrow RQ_6$	0.198	0.033	5.926	<0.05	0.262	H_{2f}	接受

2. 关系质量与关系行为关系的检验

图 5.7 显示的是关系质量与关系行为关系模型的路径分析结果。图 5.7 中 8 个测量变量的所有路径系数都大于 0.55，表明这些变量的测量题项是合适的。其中，RQ_1 对应的 6 个题项的路径系数最大值为 0.79，最小值为 0.71；RQ_2 对应的 5 个题项的路径系数最大值为 0.83，最小值为 0.69；RQ_3 对应的 3 个题项的路径系数最大值为 0.85，最小值为 0.71；RQ_4 对应的 6 个题项的路径系数最大值为 0.86，最小值为 0.69；RQ_5 对应的 5 个题项的路径系数最大值为 0.89，最小值为 0.81；RQ_6 对应的 5 个题项的路径系数最大值为 0.83，最小值为 0.71；RB_1 对应的 4 个题项的路径系数最大值为 0.71，最小值为 0.60；RB_2 对应的 5 个题项的路径系数最大值为 0.71，最小值为 0.59。

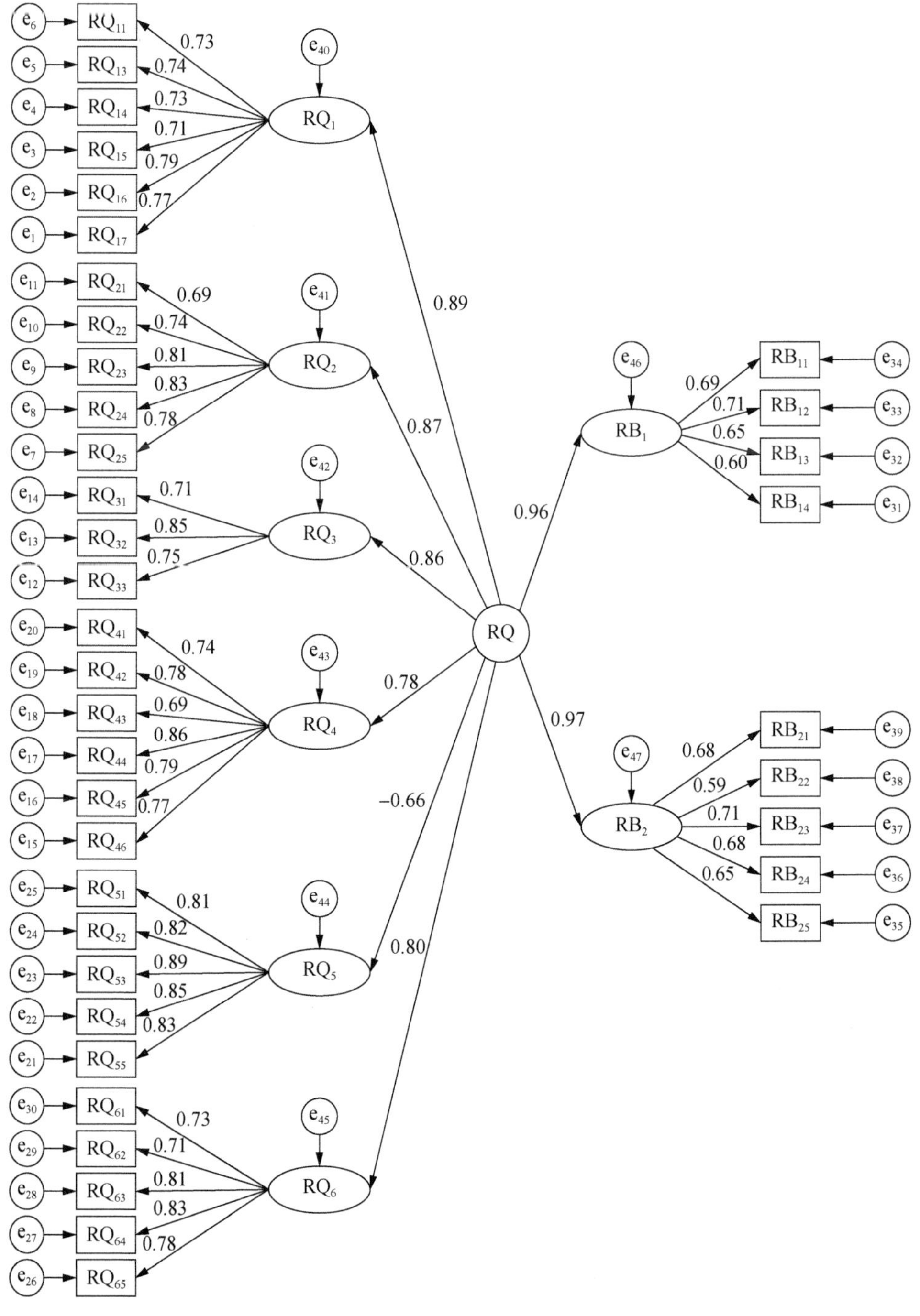

图 5.7 关系质量与关系行为的关系模型

表 5.28 是关系质量与关系行为关系模型的拟合优度检验结果。本模型的大部

分拟合度指标（RMSEA、NFI、IFI 和 CFI）达到一般认定的评价标准，而 χ^2/df 虽然大于 3，但不显著；GFI 和 AGFI 虽然小于 0.9，没有达到理想的拟合标准，但都比较接近。按照 Bentler 和 Chou（1987）的建议，总体上看本模型拟合的结果是可以接受的。

表 5.28 关系质量与关系行为关系模型拟合优度检验结果

拟合指标	评价标准	指标值	拟合情况
χ^2/df	<3	3.785	大于 3，但不显著
GFI	>0.9	0.878	小于但接近 0.9，可以接受
AGFI	>0.9	0.880	小于但接近 0.9，可以接受
RMSEA	<0.08	0.065	非常好
NFI	>0.9	0.959	非常好
IFI	>0.9	0.924	非常好
CFI	>0.9	0.940	非常好

表 5.29 是关系质量与关系行为关系假设的检验结果。结果显示关系质量对合作和信息共享的正向影响都是显著的，且显著性水平都小于 0.05，这表明假设 H_3 和 H_4 被接受。

表 5.29 关系质量与关系行为关系假设检验结果

路径	标准化估计值	P	对应假设	结论
$RB_1 \leftarrow RQ$	0.962	<0.05	H_3	接受
$RB_2 \leftarrow RQ$	0.968	<0.05	H_4	接受

（1）关系质量与合作关系的检验

图 5.8 显示的是关系质量与合作关系模型的路径分析结果。图 5.8 中 7 个测量变量的所有路径系数都大于 0.55，表明这些变量的测量题项是合适的。其中，RQ_1 对应的 6 个题项的路径系数最大值为 0.77，最小值为 0.71；RQ_2 对应的 5 个题项的路径系数最大值为 0.84，最小值为 0.67；RQ_3 对应的 3 个题项的路径系数最大值为 0.87，最小值为 0.65；RQ_4 对应的 6 个题项的路径系数最大值为 0.86，最小值为 0.69；RQ_5 对应的 5 个题项的路径系数最大值为 0.89，最小值为 0.78；RQ_6 对应的 5 个题项的路径系数最大值为 0.85，最小值为 0.67；RB_1 对应的 4 个题项的路径系数最大值为 0.71，最小值为 0.59。

表 5.30 是关系质量与合作关系模型的拟合优度检验结果。本模型的大部分拟合度指标（RMSEA、NFI、IFI 和 CFI）达到一般认定的评价标准，而 χ^2/df 虽然大于 3，但不显著；GFI 和 AGFI 虽然小于 0.9，没有达到理想的拟合标准，但都比较接近。按照 Bentler 和 Chou（1987）的建议，总体上看本模型拟合的结果是可以接受的。

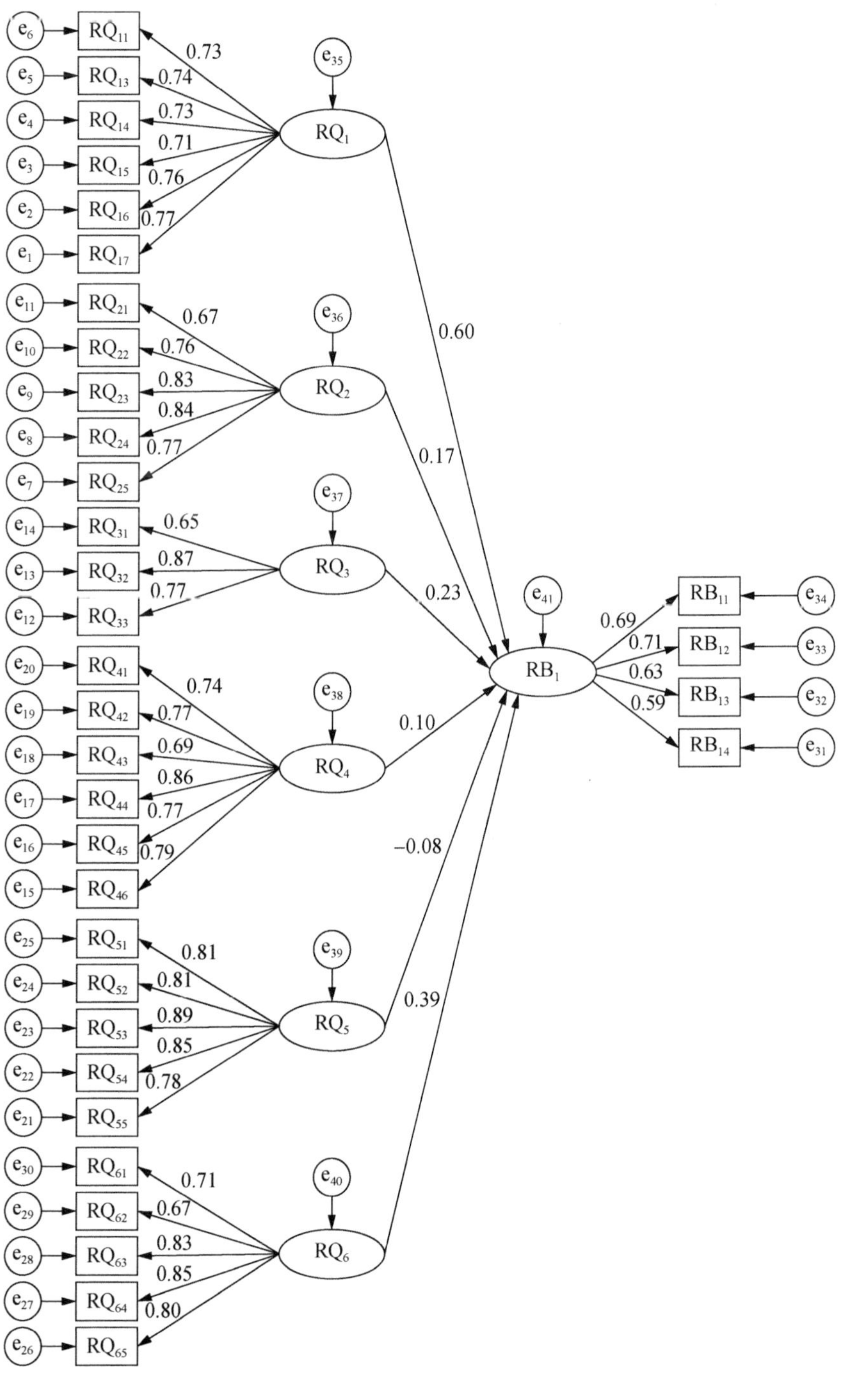

图 5.8　关系质量与合作的关系模型

表 5.30 关系质量与合作关系模型拟合优度检验结果

拟合指标	评价标准	指标值	拟合情况
χ^2 / df	<3	4.349	大于 3，但不显著
GFI	>0.9	0.876	小于但接近 0.9，可以接受
AGFI	>0.9	0.831	小于但接近 0.9，可以接受
RMSEA	<0.08	0.072	非常好
NFI	>0.9	0.921	非常好
IFI	>0.9	0.837	非常好
CFI	>0.9	0.958	非常好

表 5.31 是关系质量各维度与合作关系假设的检验结果。结果显示除了感知的机会主义行为对合作的影响没有达到最低显著性水平（$P<0.05$）之外，信任、承诺、依赖、专用性投资和创新对合作的影响都是显著的，这表明假设 H_{3e} 被拒绝，H_{3a}、H_{3b}、H_{3c}、H_{3d} 和 H_{3f} 均被接受。

表 5.31 关系质量各维度与合作关系假设检验结果

路径	估计值	标准误差	检验统计量	P	标准化回归系数	对应假设	结论
$RB_1 \leftarrow RQ_1$	0.426	0.050	8.579	<0.05	0.603	H_{3a}	接受
$RB_1 \leftarrow RQ_2$	0.112	0.031	3.608	<0.05	0.168	H_{3b}	接受
$RB_1 \leftarrow RQ_3$	0.149	0.032	4.680	<0.05	0.231	H_{3c}	接受
$RB_1 \leftarrow RQ_4$	0.048	0.021	2.325	<0.05	0.102	H_{3d}	接受
$RB_1 \leftarrow RQ_5$	−0.038	0.021	−1.809	0.249	−0.078	H_{3e}	拒绝
$RB_1 \leftarrow RQ_6$	0.223	0.032	6.948	<0.05	0.386	H_{3f}	接受

（2）关系质量与信息共享关系的检验

图 5.9 显示的是关系质量与信息共享关系模型的路径分析结果。图 5.9 中 7 个测量变量所有路径系数都大于 0.55，表明这些变量的测量题项是合适的。其中，RQ_1 对应的 6 个题项的路径系数最大值为 0.77，最小值为 0.72；RQ_2 对应的 5 个题项的路径系数最大值为 0.84，最小值为 0.67；RQ_3 对应的 3 个题项的路径系数最大值为 0.86，最小值为 0.66；RQ_4 对应的 6 个题项的路径系数最大值为 0.86，最小值为 0.69；RQ_5 对应的 5 个题项的路径系数最大值为 0.89，最小值为 0.78；RQ_6 对应的 5 个题项的路径系数最大值为 0.85，最小值为 0.66；RB_2 对应的 5 个题项的路径系数最大值为 0.69，最小值为 0.58。

表 5.32 是关系质量与信息共享关系模型的拟合优度检验结果。本模型的大部分拟合度指标（RMSEA、NFI、IFI 和 CFI）达到一般认定的评价标准，而 χ^2 / df 虽然大于 3，但不显著；GFI 和 AGFI 虽然小于 0.9，没有达到理想的拟合标准，但都比较接近。按照 Bentler 和 Chou（1987）的建议，总体上看本模型拟合的结果是可以接受的。

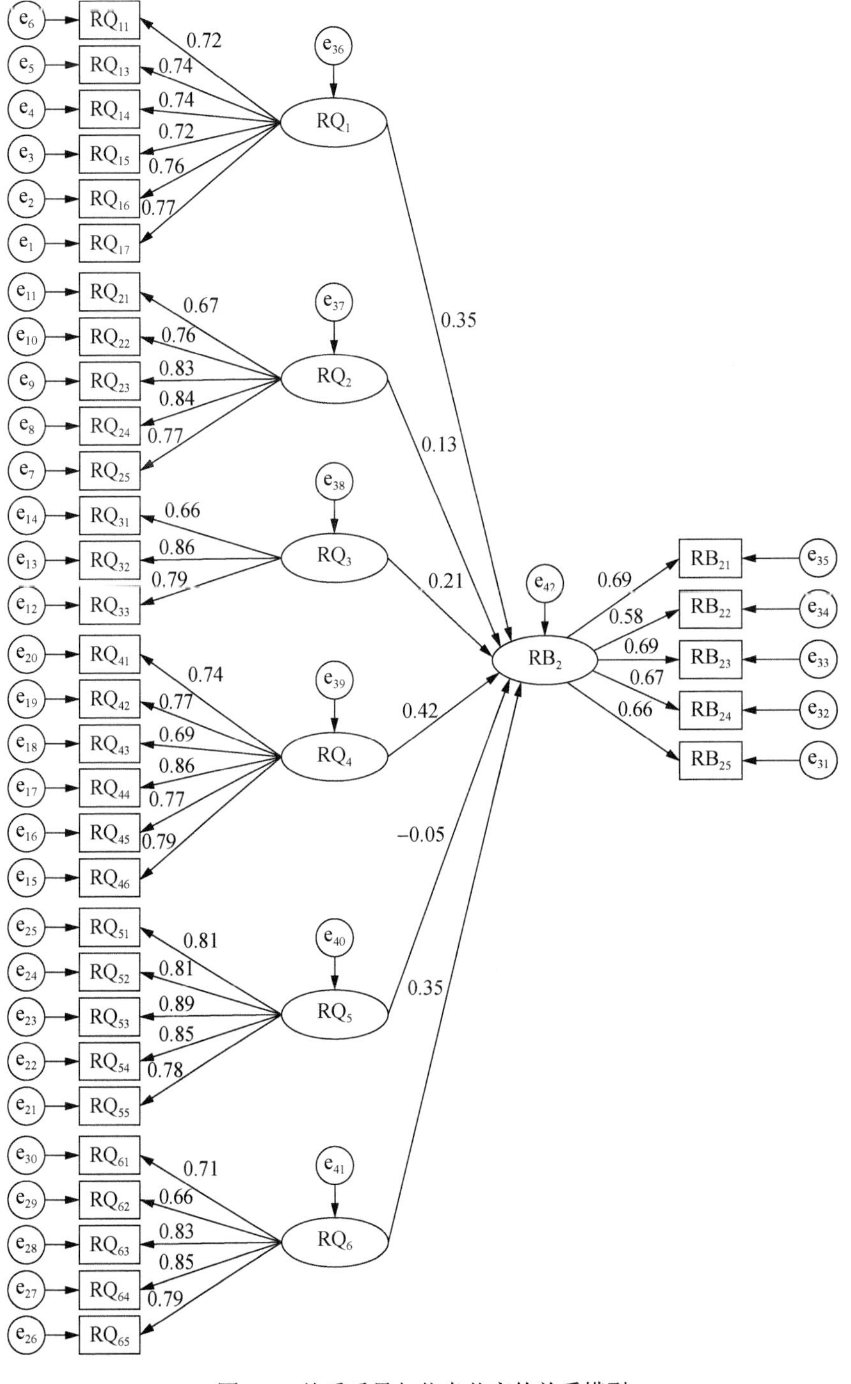

图 5.9 关系质量与信息共享的关系模型

表 5.32　关系质量与信息共享关系模型拟合优度检验结果

拟合指标	评价标准	指标值	拟合情况
χ^2 / df	<3	4.235	大于 3，但不显著
GFI	>0.9	0.873	小于但接近 0.9，可以接受
AGFI	>0.9	0.830	小于但接近 0.9，可以接受
RMSEA	<0.08	0.071	非常好
NFI	>0.9	0.920	非常好
IFI	>0.9	0.913	非常好
CFI	>0.9	0.935	非常好

表 5.33 是关系质量各维度与信息共享关系假设的检验结果。结果显示除了感知的机会主义行为对信息共享的影响没有达到最低显著性水平（$P<0.05$）之外，信任、承诺、依赖、专用性投资和创新对信息共享的影响都是显著的，这表明假设 H_{4e} 被拒绝，H_{4a}、H_{4b}、H_{4c}、H_{4d} 和 H_{4f} 均被接受。

表 5.33　关系质量各维度与信息共享关系假设检验结果

路径	估计值	标准误差	检验统计量	P	标准化回归系数	对应假设	结论
$RB_2 \leftarrow RQ_1$	0.264	0.041	6.465	<0.05	0.353	H_{4a}	接受
$RB_2 \leftarrow RQ_2$	0.094	0.032	2.907	<0.05	0.133	H_{4b}	接受
$RB_2 \leftarrow RQ_3$	0.139	0.033	4.224	<0.05	0.206	H_{4c}	接受
$RB_2 \leftarrow RQ_4$	0.209	0.029	7.250	<0.05	0.419	H_{4d}	接受
$RB_2 \leftarrow RQ_5$	−0.023	0.022	−1.062	0.372	−0.046	H_{4e}	拒绝
$RB_2 \leftarrow RQ_6$	0.216	0.033	6.499	<0.05	0.351	H_{4f}	接受

3. 关系行为与物流外包绩效关系的检验

（1）合作与物流外包绩效关系的检验

图 5.10 显示的是合作与物流外包绩效关系模型的路径分析结果。图 5.10 中 3 个测量变量的所有路径系数都大于 0.55，表明这些变量的测量题项是合适的。其中，RB_1 对应的 4 个题项的路径系数最大值为 0.83，最小值为 0.61；LOP_1 对应的 4 个题项的路径系数最大值为 0.85，最小值为 0.79；LOP_2 对应的 3 个题项的路径系数最大值为 0.85，最小值为 0.82。

表 5.34 是合作与物流外包绩效关系模型的拟合优度检验结果。本模型的大部分拟合度指标（GFI、AGFI、RMSEA、NFI、IFI 和 CFI）达到一般认定的评价标准，而 χ^2 / df 虽然大于 3，但不显著。按照 Bentler 和 Chou（1987）的建议，总体上看本模型拟合的结果是可以接受的。

表 5.35 是合作与物流外包绩效关系假设的检验结果。结果显示，合作对物流外包绩效的影响达到显著性水平（$P<0.05$），这表明假设 H_5 被接受。

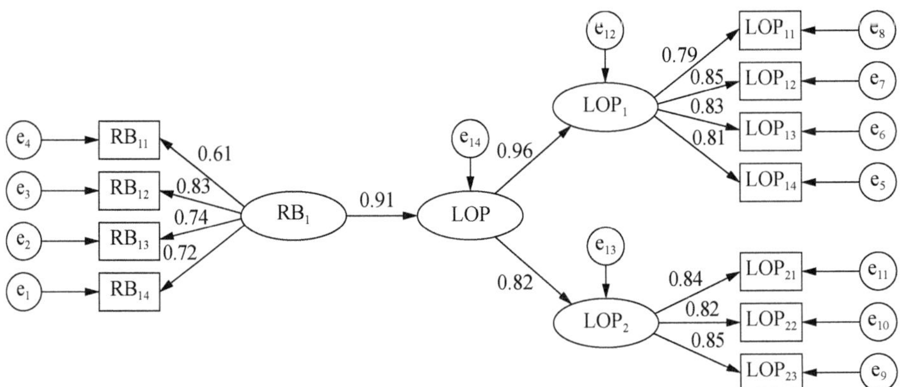

图 5.10 合作与物流外包绩效的关系模型

表 5.34 合作与物流外包绩效关系模型拟合优度检验结果

拟合指标	评价标准	指标值	拟合情况
χ^2 / df	<3	3.624	大于 3，但不显著
GFI	>0.9	0.950	非常好
AGFI	>0.9	0.920	非常好
RMSEA	<0.08	0.071	非常好
NFI	>0.9	0.960	非常好
IFI	>0.9	0.944	非常好
CFI	>0.9	0.970	非常好

表 5.35 合作与物流外包绩效关系假设检验结果

路径	标准化估计值	P	对应假设	结论
LOP←RB_1	0.912	<0.05	H_5	接受

（2）信息共享与物流外包绩效关系的检验

图 5.11 显示的是信息共享与物流外包绩效关系模型的路径分析结果。图 5.11 中 3 个测量变量的所有路径系数都大于 0.55，表明这些变量的测量题项是合适的。其中，RB_2 对应的 5 个题项的路径系数最大值为 0.80，最小值为 0.62；LOP_1 对应的 4 个题项的路径系数最大值为 0.85，最小值为 0.79；LOP_2 对应的 3 个题项的路径系数最大值为 0.85，最小值为 0.82。

表 5.36 是信息共享与物流外包绩效关系模型的拟合优度检验结果。本模型的大部分拟合度指标（GFI、AGFI、RMSEA、NFI、IFI 和 CFI）达到一般认定的评价标准，而 χ^2 / df 虽然大于 3，但不显著。按照 Bentler 和 Chou（1987）的建议，总体上看本模型拟合的结果是可以接受的。

表 5.37 是信息共享与物流外包绩效关系假设的检验结果。结果显示，信息共享对物流外包绩效的影响达到显著性水平（P<0.05），这表明假设 H_6 被接受。

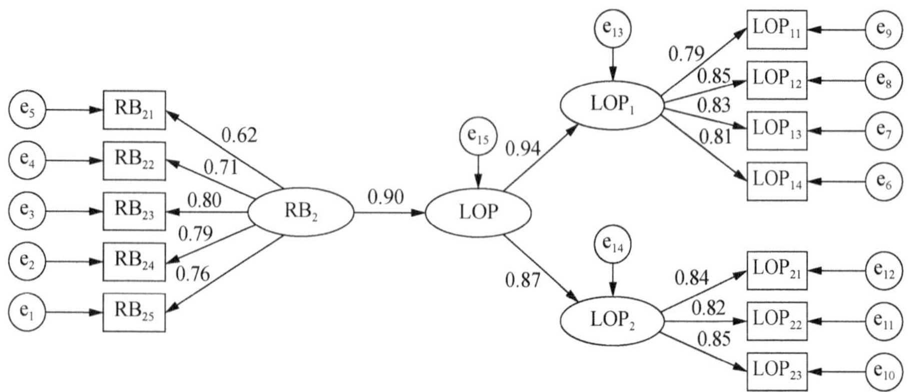

图 5.11 信息共享与物流外包绩效的关系模型

表 5.36 信息共享与物流外包绩效关系模型拟合优度检验结果

拟合指标	评价标准	指标值	拟合情况
χ^2 / df	<3	3.972	大于 3，但不显著
GFI	>0.9	0.942	非常好
AGFI	>0.9	0.912	非常好
RMSEA	<0.08	0.076	非常好
NFI	>0.9	0.950	非常好
IFI	>0.9	0.948	非常好
CFI	>0.9	0.962	非常好

表 5.37 信息共享与物流外包绩效关系假设检验结果

路径	标准化估计值	P	对应假设	结论
LOP←RB_2	0.898	<0.05	H_6	接受

4. 关系行为的中介效应检验

图 5.12 显示的是关系质量、关系行为与物流外包绩效关系模型的路径分析结果。图 5.12 中 10 个测量变量的所有路径系数都大于 0.55，表明这些变量的测量题项是合适的。其中，RQ_1 对应的 6 个题项的路径系数最大值为 0.78，最小值为 0.73；RQ_2 对应的 5 个题项的路径系数最大值为 0.81，最小值为 0.64；RQ_3 对应的 3 个题项的路径系数最大值为 0.86，最小值为 0.69；RQ_4 对应的 6 个题项的路径系数最大值为 0.86，最小值为 0.68；RQ_5 对应的 5 个题项的路径系数最大值为 0.89，最小值为 0.81；RQ_6 对应的 5 个题项的路径系数最大值为 0.83，最小值为 0.71；RB_1 对应的 4 个题项的路径系数最大值为 0.79，最小值为 0.61；RB_2 对应的 5 个题项的路径系数最大值为 0.79，最小值为 0.58；LOP_1 对应的 4 个题项的路径系数最大值为 0.84，最小值为 0.80；LOP_2 对应的 3 个题项的路径系数最大值为 0.85，最小值为 0.83。

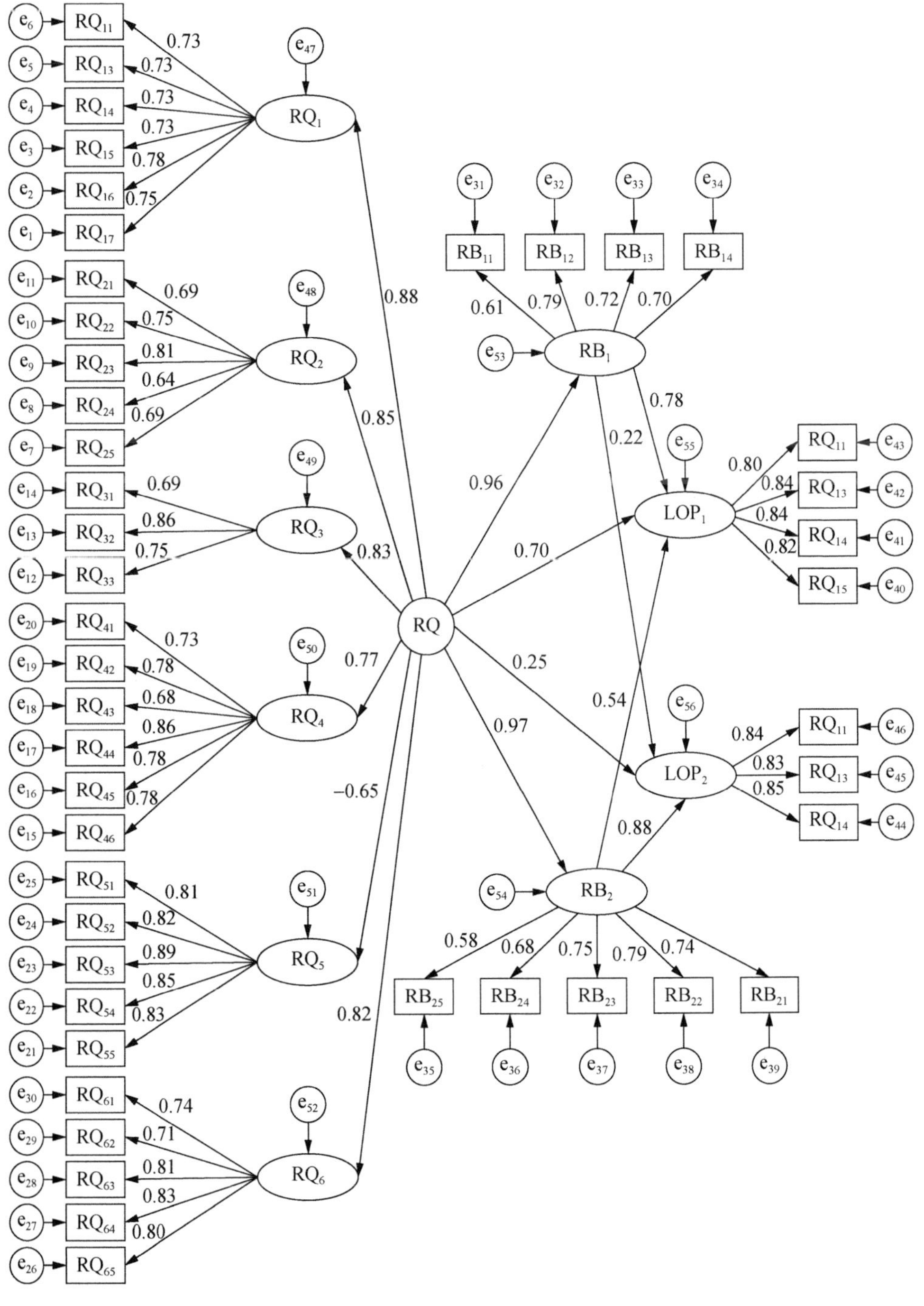

图 5.12 关系质量、关系行为与物流外包绩效的关系模型

表5.38是关系质量、关系行为与物流外包绩效关系模型的拟合优度检验结果。

本模型的大部分拟合度指标（RMSEA、NFI、IFI 和 CFI）达到一般认定的评价标准，而 χ^2 / df 虽然大于 3，但不显著，而 GFI 和 AGFI 虽然小于 0.9，没有达到理想的拟合标准，但比较接近。按照 Bentler 和 Chou（1987）的建议，总体上看本模型拟合的结果是可以接受的。

表 5.38　关系质量、关系行为与物流外包绩效关系模型拟合优度检验结果

拟合指标	评价标准	指标值	拟合情况
χ^2 / df	<3	3.343	大于 3，但不显著
GFI	>0.9	0.848	小于但接近 0.9，可以接受
AGFI	>0.9	0.822	小于但接近 0.9，可以接受
RMSEA	<0.08	0.068	非常好
NFI	>0.9	0.916	非常好
IFI	>0.9	0.932	非常好
CFI	>0.9	0.963	非常好

表 5.39 是关系行为与物流外包绩效关系假设的检验结果。结果显示，合作和信息共享对目标实现，以及信息共享对目标超越的影响都达到显著性水平（$P<0.05$），但是合作对目标超越的影响没有通过显著性检验，这表明假设 H_{5a}、H_{6a} 和 H_{6b} 被接受，H_{5b} 被拒绝。

表 5.39　关系行为与物流外包绩效关系假设检验结果

路径	标准化估计值	P	对应假设	结论
$LOP_1 \leftarrow RB_1$	0.779	<0.05	H_{5a}	接受
$LOP_2 \leftarrow RB_1$	0.216	0.366	H_{5b}	拒绝
$LOP_1 \leftarrow RB_2$	0.542	<0.05	H_{6a}	接受
$LOP_2 \leftarrow RB_2$	0.884	<0.05	H_{6b}	接受

根据图 5.12，自变量关系质量对目标实现的影响依然显著，但直接影响系数减少，由原来的 0.92 减少至 0.70。关系质量主要通过合作和信息共享的中介效应来实现对目标实现的影响，其中关系质量通过合作对目标实现的影响为 0.96×0.78≈0.75，关系质量通过信息共享对目标实现的影响为 0.97×0.54≈0.52，两者皆起部分中介作用。

自变量关系质量对目标超越的影响依然显著，但直接影响系数减少，由原来的 0.84 减少至 0.25。关系质量主要通过信息共享的中介效应来实现对目标超越的影响，关系质量通过信息共享对目标超越的影响为 0.97×0.88≈0.85，且为部分中介作用。

因此，假设 H_7（合作在关系质量与目标实现之间起中介作用）、H_8（信息共享在关系质量与目标实现之间起中介作用）、H_{10}（信息共享在关系质量与目标超越之间起中介作用）都得到验证，假设 H_9（合作在关系质量与目标超越之间起中介作用）被拒绝。

最终，剔除图 5.12 的一个不显著的关系（$RB_1 \rightarrow LOP_2$），本书基于关系行为中介效应的关系质量影响物流外包绩效的模型如图 5.13 所示。

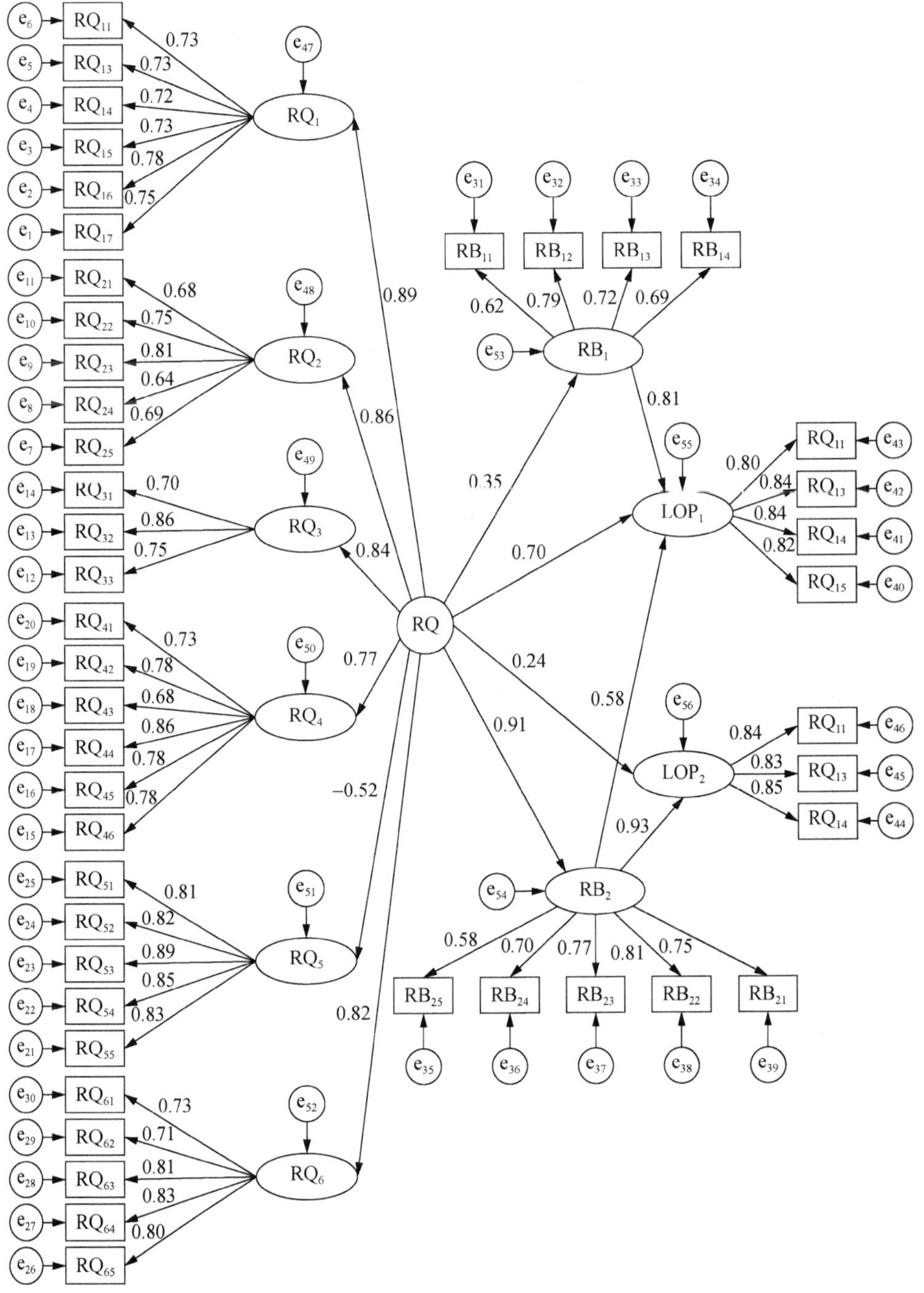

图 5.13 基于关系行为中介效应的关系质量影响物流外包绩效的模型

表 5.40 是基于关系行为中介效应的整体模型修正后的拟合优度检验结果。结果显示，模型修正后拟合指标得到相应的改善。

表 5.40 基于关系行为中介效应的整体模型修正后的拟合优度检验结果

拟合指标	评价标准	指标值	拟合情况
χ^2 / df	< 3	2.644	非常好
GFI	> 0.9	0.891	小于但接近 0.9，可以接受
AGFI	> 0.9	0.842	小于但接近 0.9，可以接受
RMSEA	< 0.08	0.064	非常好
NFI	> 0.9	0.955	非常好
IFI	> 0.9	0.940	非常好
CFI	> 0.9	0.958	非常好

5.2.7 假设检验结果汇总

通过前面对整体结构模型的实证分析，本书提出的所有研究假设都得到检验，假设检验结果具体如表 5.41 所示。在本书 38 个研究假设中，获得显著性支持的假设有 34 个，因不显著而被拒绝的假设有 4 个。另外，控制变量（企业规模、企业年龄和关系持续时间）在模型中都不显著。

表 5.41 研究假设检验结果汇总

编号	研究假设	系数	P	结论
H_1	关系质量对目标实现有显著正向影响	0.923	<0.05	接受
H_{1a}	信任对目标实现有显著正向影响	0.519	<0.05	接受
H_{1b}	承诺对目标实现有显著正向影响	0.209	<0.05	接受
H_{1c}	依赖对目标实现有显著正向影响	0.179	<0.05	接受
H_{1d}	专用性投资对目标实现有显著正向影响	0.137	<0.05	接受
H_{1e}	感知的机会主义行为对目标实现有显著负向影响	−0.187	<0.05	接受
H_{1f}	创新对目标实现有显著正向影响	0.444	<0.05	接受
H_2	关系质量对目标超越有显著正向影响	0.840	<0.05	接受
H_{2a}	信任对目标超越有显著正向影响	0.093	<0.05	接受
H_{2b}	承诺对目标超越有显著正向影响	0.195	<0.05	接受
H_{2c}	依赖对目标超越有显著正向影响	0.193	<0.05	接受
H_{2d}	专用性投资对目标超越有显著正向影响	0.541	<0.05	接受
H_{2e}	感知的机会主义行为对目标超越有显著负向影响	−0.100	<0.05	接受
H_{2f}	创新对目标超越有显著正向影响	0.262	<0.05	接受
H_3	关系质量对合作有显著正向影响	0.962	<0.05	接受
H_{3a}	信任对合作有显著正向影响	0.603	<0.05	接受

续表

编号	研究假设	系数	P	结论
H_{3b}	承诺对合作有显著正向影响	0.168	<0.05	接受
H_{3c}	依赖对合作有显著正向影响	0.231	<0.05	接受
H_{3d}	专用性投资对合作有显著正向影响	0.102	<0.05	接受
H_{3e}	感知的机会主义行为对合作有显著负向影响	−0.078	0.249	拒绝
H_{3f}	创新对合作有显著正向影响	0.386	<0.05	接受
H_4	关系质量对信息共享有显著正向影响	0.968	<0.05	接受
H_{4a}	信任对信息共享有显著正向影响	0.353	<0.05	接受
H_{4b}	承诺对信息共享有显著正向影响	0.133	<0.05	接受
H_{4c}	依赖对信息共享有显著正向影响	0.206	<0.05	接受
H_{4d}	专用性投资对信息共享有显著正向影响	0.419	<0.05	接受
H_{4e}	感知的机会主义行为对信息共享有显著负向影响	−0.046	0.372	拒绝
H_{4f}	创新对信息共享有显著正向影响	0.351	<0.05	接受
H_5	合作对物流外包绩效有显著正向影响	0.912	<0.05	接受
H_{5a}	合作对目标实现有显著正向影响	0.779	<0.05	接受
H_{5b}	合作对目标超越有显著正向影响	0.216	0.366	拒绝
H_6	信息共享对物流外包绩效有显著正向影响	0.898	<0.05	接受
H_{6a}	信息共享对目标实现有显著正向影响	0.542	<0.05	接受
H_{6b}	信息共享对目标超越有显著正向影响	0.884	<0.05	接受
H_7	合作在关系质量与目标实现之间起中介作用	—	—	接受
H_8	信息共享在关系质量与目标实现之间起中介作用	—	—	接受
H_9	合作在关系质量与目标超越之间起中介作用	—	—	拒绝
H_{10}	信息共享在关系质量与目标超越之间起中介作用	—	—	接受

5.2.8 本节小结

第 3 章理论推导和研究假设部分，已经提出关系行为的两维度模型：合作和信息共享，以及物流外包绩效的两维度模型：目标实现和目标超越，分析关系质量及各个维度与物流外包绩效的关系、关系质量及各个维度与关系行为的关系、关系行为与物流外包绩效的关系、关系行为的中介效应，构建本书总体理论模型。本节主要对关系质量对物流外包绩效的影响机制进行检验。首先，采用测量问卷的信度和效度检验、探索性因子分析和验证性因子分析方法分别对关系行为和物流外包绩效的两维度模型进行实证分析，然后对整体测量模型进行信度、效度分析，在此基础上利用结构方程模型对理论模型和本书的研究假设进行实证检验，包括关系质量及各个维度与物流外包绩效（目标实现和目标超越）的关系检验、关系质量及各个维度与关系行为（合作和信息共享）的关系检验、关系行为（合作和信息共享）与物流外包绩效（目标实现和目标超越）的关系检验、关系行为

（合作和信息共享）的中介效应检验。总结起来，在物流外包关系质量结构维度的研究基础上，这部分内容是利用对关系质量的已知了解，打开关系质量影响物流外包绩效的过程“黑箱”，为进一步的分析和结论的获得提供了统计基础。

基于对国内外大量研究的回顾与分析，本书在物流外包情境下构建关系质量对物流外包绩效影响机制的理论模型，关系质量、关系行为和物流外包绩效是模型涉及的核心变量，在此基础上提出 38 个研究假设。利用问卷调研获得的 515 份制造企业数据，对上述理论模型和相关的研究假设进行实证检验。检验结果表明，34 个假设得到显著性支持，4 个假设因没有通过显著性检验而被拒绝。下面将重点讨论通过验证的假设带给我们的启示，并对未通过验证的假设，从中国特殊的国情、经济发展阶段和文化背景等方面给出可能的解释，由此揭示我国制造企业和物流服务提供商在合作过程中应注意的一些问题。

5.3 实证结果讨论

5.3.1 关系质量对物流外包绩效的直接影响机制

通过本书的实证研究发现，物流外包情境下制造企业与物流服务提供商的关系质量确实能够直接正向影响制造企业的物流外包绩效。这一结果与国内外很多学者在不同情境下的研究得出的结论是一致的（Leonidou et al.，2013；曹卓琳和杜荣，2012；张哲，2011；Križman，2009；Fynes et al.，2005；Narasimhan and Jayaram，1998）。Križman（2009）是这一研究领域中比较有代表性的文献之一，他是以斯洛文尼亚的制造企业和零售企业为样本，研究了物流外包绩效的驱动因素，结果表明，企业外包其非核心的物流业务是为了提高企业的竞争力，通过与物流服务提供商建立长期合作关系，可以在物流外包过程中增加利益，降低风险，提高效率，提高盈利能力，从而为客户提供更好的服务。Leonidou 等（2013）利用 189 份塞浦路斯进口商的问卷调查数据，通过实证分析发现，进口商与出口商的关系质量越差，进口商感知的关系绩效就越低。本书基于中国制造企业的大样本问卷调查数据进行实证研究，再次验证上述文献的研究结论。因此，在制造企业与物流服务提供商合作的过程中，不能简单地认为物流外包就是将物流活动从一方转移到另一方，应该注重的是双方之间良好关系的建立和维护，以获得更好的经济绩效。正如 Uzzi（1997）所言，良好的关系不仅有助于预期绩效目标的实现，还能够使企业获得超越契约关系之外的许多好处。

H_{1a} 和 H_{2a} 研究的是关系质量的信任维度与物流外包绩效的关系，检验结果表明 H_{1a} 和 H_{2a} 均通过验证，这一结论与 Anderson 和 Narus（1990）、Poppo 和 Zenger

（2002）、Golicic（2007）、Goo 和 Nam（2007）等的研究结论是一致的。这说明客户企业与物流服务提供商之间高水平的信任，能够降低双方的交易成本和代理成本，并增强双方开展进一步合作的意愿，而关系双方的协同努力会带来超出企业从自身利益最大化出发单独行动能够获得的产出，继而产生较高的绩效，表现为高度的满意、增加的利益、降低的成本和较高的价值。因此，第三方物流服务提供商和物流用户之间的信任是物流外包关系成功的一个关键因素。

H_{1b}和H_{2b}研究的是关系质量的承诺维度与物流外包绩效的关系，检验结果表明H_{1b}和H_{2b}均通过验证，这一研究结果与 Angle 和 Perry（1981）、Cummings（1984）等的研究结论是相符的。高水平的承诺能够提供一种情境，在这种情境中，客户企业与物流服务提供商可以在不增加机会主义行为的情况下实现预期的绩效目标。而且，做出更多承诺的合作伙伴会为了维持这种关系付出最大的努力，并相信会在长期关系中得到超出预期的回报，因此，承诺会对物流外包成功产生积极的正向影响。

H_{1c}和H_{2c}研究的是关系质量的依赖维度与物流外包绩效的关系，检验结果表明H_{1c}和H_{2c}均通过验证。余泳泽和马欣（2010）提出，物流依赖是依赖的一种形式。如果客户企业对物流服务提供商有所依赖，则意味着其想要继续这种关系，并希望通过关系的持续来实现预期的目标。也就是说，在物流外包关系中，客户企业可以通过维持与物流服务提供商的合作关系以实现，甚至超越预期的目标，Hofer 等（2009）的观点再次得到验证。

H_{1d}和H_{2d}研究的是关系质量的专用性投资维度与物流外包绩效的关系，检验结果表明H_{1d}和H_{2d}均通过验证，这一研究结果与余泳泽和马欣（2010）的研究结论是一致的。在物流外包关系中，客户企业和物流服务提供商的双边专用性投资可能包括物流基础设施、设备等有形资产的投入，也可能包括物流专业人员的培训、量身定制的业务流程等无形的投入，这些为强化双方的合作关系而进行的相关投资是一种实际可见的承诺行动，对于物流业务的完成及物流外包的成功是至关重要的。

H_{1e}和H_{2e}研究的是关系质量的感知的机会主义行为维度与物流外包绩效的关系，检验结果表明H_{1e}和H_{2e}均通过检验，再次验证 Wuyts 和 Geyskens（2005）、高维和等（2006）的观点。在物流外包关系中，如果客户企业感知到物流服务提供商的机会主义行为越多，就越倾向于通过占用大量的资源对机会主义行为进行控制和防范，从而导致更有价值的其他业务无法进行，产生机会成本损失，同时降低客户企业对合作关系的满意度，影响客户企业对预期绩效实现程度的感知与评价。

H_{1f}和H_{2f}研究的是关系质量的创新维度与物流外包绩效的关系，检验结果表明H_{1f}和H_{2f}均通过验证，这一研究结果使 Engelbrecht（2004）、Deepen 等（2008）的研究结论再次得到支持。创新被理解为在物流外包关系中物流服务提供商以客户为导向的自发的、积极主动的改进，而不是仅对客户需求做出反应。创新体现了物流服务提供商对关系所做出的承诺，降低了不确定性，能够通过降低风险和提高物流服务提供商的可信任性，为客户企业创造附加价值，获得更高的利益，实现更好的绩效。因此，在物流外包关系中，物流服务提供商积极主动采取的创新行动不仅对外包目标的实现具有较强的正向影响，还会超越客户的期望。

综合来看，关系质量有利于实现或超越物流外包协议预期的绩效目标，但是从结构方程的影响系数来看，关系质量对目标实现的影响比其对目标超越的影响大，前者的影响系数是 0.92，而后者的影响系数为 0.84，研究结论与预期假设基本一致。物流外包关系首先关注的是如何按照客户企业需求的质量提供服务，实现双方在外包协议签订前共同设置的成本、服务水平等方面的目标和期望，在此基础上才能去追求更高的目标和期望，使客户企业感到大大超出预期的满意。从关系质量各维度对物流外包绩效的影响系数上比较，信任维度、承诺维度、感知的机会主义行为维度和创新维度对目标实现的影响要大于它们对目标超越的影响，而依赖维度和专用性投资维度对目标超越的影响要大于它们对目标实现的影响。尤其信任维度对目标实现的影响（0.52）要显著大于其对目标超越的影响（0.09），而专用性投资维度对目标超越的影响（0.54）要显著大于其对目标实现的影响（0.14），创新维度对目标实现和目标超越的影响都比较大（0.44 和 0.27）。这表明，若想实现预期的绩效目标，制造企业与物流服务提供商之间最重要的是信任的培养，信任是健康的合作关系的基石；若要超越预期的绩效目标，合作双方在资源、时间、金钱和业务流程调整方面的专用性投资则是必需的。无论是客户企业预期绩效目标的实现，还是预期绩效目标的超越，都需要物流服务提供商在为客户企业提供物流服务的过程中进行积极主动的创新。

5.3.2 关系质量对物流外包绩效的间接影响机制

1. 关系质量对关系行为的影响

本书的实证研究结果表明，制造企业与物流服务提供商之间良好的关系质量有利于双方采取合作、信息共享等积极的关系行为。正如张涛等（2010）所言，关系行为的发生要基于一定的关系状态或者关系基础，即关系质量。

H_{3a} 和 H_{4a} 研究的是关系质量的信任维度与关系行为的关系，检验结果表明 H_{3a} 和 H_{4a} 均通过验证。高水平的信任能够通过影响参与者的心理过程，提高物流外包合作双方间互动的可能性，使双方为了共同的利益采取积极的协同行动，并且愿意共享所有的信息，以实现彼此对关系的贡献，Mohr 和 Spekman（1994）、Hewett 和 Bearden（2001）、Kwon 和 Suh（2005）、宋永涛等（2009）、严兴全等（2011）、谭云清等（2011）的研究结论再次得到验证。

H_{3b} 和 H_{4b} 研究的是关系质量的承诺维度与关系行为的关系，检验结果表明 H_{3b} 和 H_{4b} 均通过验证。较高的承诺水平意味着客户企业相信与物流服务提供商的长期关系是非常重要的，因此会保证付出最大的努力去维持。关系承诺能够帮助合作伙伴增强建立亲密关系的意愿，降低脱离关系的倾向，因此物流外包双方更愿意以合作的态度来达成双方的利益，而且更愿意与其合作伙伴共享信息。这与 Morgan 和 Hunt（1994）、Yang 等（2008）、Ding 等（2014）的研究结论是一致的。

H_{3c} 和 H_{4c} 研究的是关系质量的依赖维度与关系行为的关系，检验结果表明 H_{3c} 和 H_{4c} 均通过验证。为了获得物流合作的成功，物流外包双方还必须彼此依赖，而依赖要求双方至少进行最低程度的合作，以获得自身所需要的物流服务，因此，依赖对制造企业与物流服务提供商的合作和信息共享等关系行为都有显著正向影响，这与 Maloni 和 Benton（2000）、Izquierdo 和 Cillán（2004）等的研究结论相符。

H_{3d} 和 H_{4d} 研究的是关系质量的专用性投资与关系行为的关系，检验结果表明 H_{3d} 和 H_{4d} 均通过验证。制造企业与物流服务提供商针对双方合作进行的专用性投资越多，就越不太可能出现威胁关系的机会主义行为和不值得信任的行为。双方被锁定在关系中的程度越高，因此越倾向于采取合作和信息共享等积极良好的关系行为，以促进关系的长期持续，这与 Lindskold（1986）、Anderson 和 Weitz（1992）、余泳泽和马欣（2010）、赵彦辉（2011）等的研究结论是一致的。

H_{3e} 和 H_{4e} 研究的是关系质量的感知的机会主义行为维度与关系行为的关系，检验结果虽然与预期符号一致，但 H_{3e} 和 H_{4e} 均没有通过显著性检验，这说明客户企业感知物流服务提供商的机会主义行为未必一定对双方的合作和信息共享等积极的关系行为产生负面影响。对这一结果可能的解释是，根据刘益和曹英（2006）的观点，感知的机会主义行为产生于合作一方对另一方理性不合作的判断，它关注的是合作伙伴为追求自身利益最大化而不遵守合作精神和不履行合作承诺的可能性。对机会主义行为的感知，未必就是一种客观存在。在物流外包关系中，物流服务提供商的机会主义行为存在与否未必等同于客户企业对其感知，可能物流服务提供商有机会主义行为但客户企业没能感知到，也有可能客户企业误解物流服务提供商，客户企业感知到的是实际上并不存在的机会主义行为。因此，客户企业感知的物流服务提供商的机会主义行为对双方关系行为的不利影响就不明显，从而不能通过显著性检验。

H_{3f} 和 H_{4f} 研究的是关系质量的创新维度与关系行为的关系，检验结果表明 H_{3f} 和 H_{4f} 均通过验证。创新，即物流服务提供商旨在改善客户企业物流流程，提高客户服务水平方面所采取的积极主动的行动。这种行动会产生积极的信号效应，从而促使客户企业愿意放弃当前的短期利益，通过采取协同行动或信息共享等良好的关系行为，以期望在未来的合作中获得更多的利益，Lambe 等（2001）、Deepen 等（2008）的研究结论再次得到验证。

综合来看，关系质量有利于物流外包双方采取合作和信息共享等良好的关系行为，研究结论与预期假设是基本一致的。但是关系质量的各维度对关系行为的影响不同，信任、承诺、依赖、专用性投资和创新确实对物流外包双方采取良好的关系行为具有积极的正向影响，而客户企业感知的机会主义行为未必对这些良好的关系行为产生负面作用。从结构方程的影响系数上比较，除了专用性投资维度对信息共享行为的影响（0.42）显著大于其对合作行为的影响（0.10）之外，信任、承诺、依赖和创新维度对信息共享行为的影响都要小于它们对合作行为的影响。尤其是信任维度，对合作行为的影响系数是 0.60，而对信息共享行为的影响系数是 0.35，这表明物流外包双方为了共同的利益采取协同行动，并进行充分及时的信息共享的前提都是双方之间信任机制的建立，而共同解决问题，避免冲突更需要以彼此之间的信任作为基础。双边专用性投资意味着物流外包双方对关系长期持续的承诺和保证，它创设了一种情境，在这种情境中双方打破了“没有长久的利益关系，合作就只是短期行为”的传统观念，因此有利于促进物流外包双方积极自愿地共享所有信息，包括一些敏感的、原本私有的信息，并随时相互通知可能对对方造成影响的事件或变化情况。因此，制造企业与物流服务提供商在物流外包实践中，应在相互信任的基础上，进行必要的有形或无形的专用性投资，以促进良好关系行为的发生。

2. 关系行为对物流外包绩效的影响

H_5 和 H_6 研究的是关系行为与物流外包绩效的关系，检验结果表明 H_5 和 H_6 均通过验证，这一结果与 Lusch 和 Brown（1996）、Hewett 和 Bearden（2001）等的研究结论是一致的。根据关系营销理论，关系行为应当正向影响绩效，促进交易关系中的双方实现各自的目标。物流外包双方为实现合作目标而配合或参与对方的活动，这种合作行为可以通过发挥相互的协调作用和资源的合理分配来达到理想的改善状况，从而减少冲突。当外包双方为实现成本、质量或服务水平方面的目标而共同制定决策和解决问题时，就有利于促进物流外包的成功，彼此就能够得到互利的结果。客户企业在与物流服务提供商合作过程中，在运输、仓储、重新包装、库存管理等方面，都需要高度的信息共享。当物流外包双方自愿地、积极地彼此提供这些有用的信息时，就能够更好地协调合作中的资源、业务和角色分配，快速响应外界环境变化，从而提高合作效率，促进物流外包绩效的提升。

H_{5a} 和 H_{5b} 研究的是合作行为与物流外包绩效的关系，检验结果表明 H_{5a} 通过验证，H_{5b} 没有通过验证，这一结论与 Deepen 等（2008）的研究是不完全相符的。Deepen 等（2008）是物流外包关系研究领域具有较强参考价值的文献之一，他们利用来自德国制造企业的问卷调查数据，将合作作为影响物流外包绩效（目标实现和目标超越）的关键因素之一，研究发现合作对目标实现和目标超越均有显著正向影响，但是与目标实现的联系更为紧密。本书是运用中国制造企业的调查数据进行实证分析，结果虽然与 Deepen 等（2008）的结论不完全一致，但在一定程度上可以作为相互的验证。对于 H_{5b} 被拒绝可能的解释是尽管我国的物流业近年来发展势头迅猛，但是物流业的发展水平与制造业相比还存在很大的差距，主要表现为物流服务提供商普遍规模较小、管理不够规范、服务质量不高，在双方合作过程中制造企业作为需求方往往占据强势地位，很少或根本不与物流外包的合作伙伴齐心协力共同解决问题，对合作的物流服务提供商也缺乏充分的尊重，导致客户企业对物流外包预期绩效目标的超越感知并不明显，从而未能通过显著性检验。

H_{6a} 和 H_{6b} 研究的是信息共享行为与物流外包绩效的关系，检验结果表明 H_{6a} 和 H_{6b} 均通过检验，这一结果再次验证了 Huang 等（2003）、Kwon 和 Suh（2005）、Sheu 等（2006）、Prajogo 和 Olhager（2012）等的研究结论。从结构方程的影响系数来看，信息共享对目标超越的影响系数为 0.88，信息共享对目标实现的影响系数为 0.54，前者要大于后者。可见，如果物流外包双方获得更多可用的信息，并彼此共享，客户企业就能够更好地进行订货决策、产品（物料）计划、资源分配、库存协调等，从而使企业的经营活动得到优化，促进预期绩效目标的实现。更重要的是，客户企业与物流服务提供商通过充分及时的信息共享，能够迅速有效地对环境变化做出响应，关系价值因此会以指数方式增长，物流外包绩效也随之得到大幅提升，从而超越预期的目标和期望。

3. 关系行为的中介效应讨论

H_7 和 H_8 研究的是合作行为与信息共享行为在关系质量与目标实现之间的中介作用，检验结果表明 H_7 和 H_8 均通过验证，而且合作和信息共享在关系质量和目标实现的关系中都起到部分中介作用。

H_9 和 H_{10} 研究的是合作行为与信息共享行为在关系质量和目标超越之间的中介作用，检验结果表明 H_9 未通过验证，而 H_{10} 通过验证，而且信息共享在关系质量和目标超越的关系中起到部分中介作用。

根据前述实证研究结果可知，关系质量与物流外包绩效是呈正相关的，但是从动态的角度来看，企业更关注的是关系质量是如何影响物流外包绩效的，除了直接关系之外，是否还存在间接影响的可能。如果存在间接影响，那么中介变量又是什么？这些问题的解答需要对关系质量影响物流外包绩效的中间转换过程进行分析。从行为和绩效的因果关系角度，本书引入关系行为这一中介变量来解释关系质量影响物流外包绩效的中间转换过程。Deepen 等（2008）建议，客户企业在判断物流服务提供商提供的绩效时应将目标实现和目标超越区别开来，因此具体地，良好的关系质量会通过合作和信息共享等关系行为，进而影响物流外包预期绩效目标的实现；良好的关系质量还会通过合作和信息共享等关系行为，进而超越物流外包预期的绩效目标。我们遵循的基本逻辑是关系质量会带来双方关系行为的差异，而关系行为的差异会影响外包成功，外包成功代表的是实现外包利益，提高合作伙伴的满意度，最终表现在外包绩效上。

本书的实证结果验证了其中的 3 个假设，只有合作在关系质量与目标超越之间的中介作用没有得到验证。但是从路径系数来看，尽管合作和信息共享在关系质量与目标实现关系中都起到部分中介作用，合作的中介作用（$0.96\times0.78\approx0.75$）比信息共享的中介作用（$0.97\times0.54\approx0.52$）要大。

本书的实证研究结果表明，关系行为在关系质量与物流外包绩效的关系中扮演着中介角色。合作行为和信息共享行为部分中介了关系质量对目标实现的影响，而信息共享行为还在关系质量对目标超越的影响中起中介作用。这意味着制造企业和物流服务提供商在建立合作伙伴关系过程中，要将关系行为作为将关系质量与物流外包绩效连接起来的桥梁和纽带，充分发挥关系行为的重要作用。物流活动往往涉及非常及时、敏感的需求信息，以及成本、销售、库存、出货状态等数据，与物流服务提供商的合作不可避免地将会涉及企业的运营机密。因此，很多制造企业担心如果允许物流服务提供商间接或直接地获得这些信息，就会提高企业核心运营要素泄露的可能性。事实上，在我国制造企业的物流外包实践中，合作双方经常出现信息不能共享、信息反馈滞后、信息失真等问题，这是导致物流外包风险偏高、物流外包合作失败、未能实现预期的外包效果的主要原因。制造企业在判断物流服务提供商提供的绩效时，首先要将目标实现和目标超越区分开来，但是无论是对预期绩效目标的实现还是目标超越，都要高度重视双方之间充分及时的信息共享。此外，制造企业与物流服务提供商通过建立战略联盟，共同发展以实现互利双赢，这已经是两大行业形成的战略共识。因此双方应彼此尊重，为了实现共同的目标协同努力，只有这样才能实现预期的物流外包绩效，获得持久的竞争优势。

5.3.3 本节小结

本书实证检验关系质量、关系行为与物流外包绩效的关系模型及 38 个研究假设，结果表明 34 个假设获得显著性支持，4 个假设因没有通过显著性检验而被拒绝。通过验证的假设能够揭示关系质量、关系行为和物流外包绩效之间的作用关系。关系质量对物流外包绩效的影响同时存在直接效应和间接效应，间接效应是通过关系行为的传导机制实现的。

（1）关系质量对目标实现的影响机制

关系质量对目标实现的直接影响系数为 0.92；关系质量影响合作行为和信息共享行为，而合作行为和信息共享行为影响目标实现，关系质量通过合作行为和信息共享行为对目标实现的间接影响系数分别为 0.75 和 0.52，从影响系数上比较，关系质量对目标实现的直接影响比间接影响大。这样，考虑到关系质量对目标实现的影响同时存在直接效应和间接效应，而且合作行为和信息共享行为在关系质量与目标实现关系中的中介作用，关系质量对目标实现的影响机制如图5.14所示。

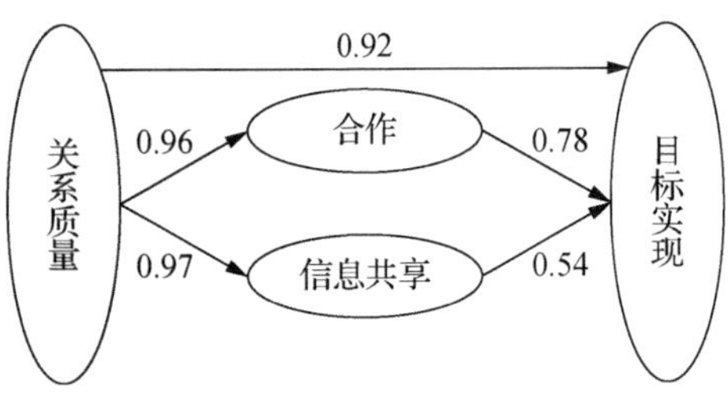

图5.14 关系质量对目标实现的影响机制

（2）关系质量对目标超越的影响机制

关系质量对目标超越的直接影响系数为0.84；关系质量影响信息共享行为，信息共享行为影响目标超越，关系质量通过信息共享行为对目标超越的间接影响系数为0.85，从影响系数上比较，关系质量对目标超越的间接影响比直接影响大。这样，考虑到关系质量对目标超越的影响同时存在直接效应和间接效应，而且信息共享行为在关系质量与目标超越关系中的中介作用，关系质量对目标超越的影响机制如图5.15所示。

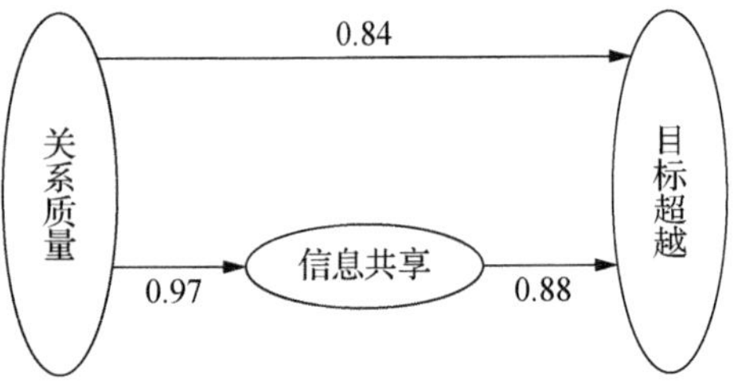

图5.15 关系质量对目标超越的影响机制

第6章 结　语

本章将对全书内容进行总结，阐明主要研究结论及管理启示，并说明本书存在的研究局限和不足，同时指出未来的研究方向。

6.1 研究结论

在竞争日益激烈、客户期望逐步提高的全球化经济时代，物流外包已经成为制造企业发展的自然需求，也是市场经济发展进程中企业提高自身核心竞争力的必要战略手段之一。但是，物流外包不仅仅是将物流活动从一方转移到另一方，更重要的是管理客户企业与物流服务提供商的合作伙伴关系，以在物流外包过程中降低风险，提高效率，增加盈利，为客户提供更好的服务，最终促进外包成功。围绕“关系质量如何影响物流外包绩效”这一基本研究命题，本书将定性分析和定量分析有机结合，综合运用理论分析、大样本实证研究、结构方程建模等研究方法及 SPSS 和 AMOS 等统计分析工具，通过两个子研究展开论述，逐层深入地回答本书的 3 个主要研究问题，即物流外包情境下关系质量的概念架构如何、关系质量与物流外包绩效的关系如何、关系质量对物流外包绩效的影响机制是怎样的，从而力图打开此中“黑箱”，揭示关系质量、关系行为与物流外包绩效之间的作用机制。

本书的主要研究结论总结如下。

1）物流外包情境下的关系质量是一个多维度的研究构念，包括信任、承诺、依赖、专用性投资、感知的机会主义行为和创新 6 个维度。

通过广泛系统地回顾和整理与关系质量相关的国内外研究，从不同研究领域、研究视角、不同构成要素的角度对比分析以往学者对关系质量关键维度的研究，总结归纳前人的研究成果和结论，本书提出物流外包情境下关系质量的概念架构由信任、承诺、依赖、专用性投资、感知的机会主义行为和创新 6 个维度组成。通过对 6 家中国制造企业的实地访谈，以及对 515 家制造企业问卷调研数据的大样本实证检验，从实践角度更广泛而深入地识别出企业对物流外包关系质量的理解，进一步验证了这种结构维度的划分是合适的。相关的学术研究也支持了这一结果，如 Hewett 等（2002）、Huntley（2006）、Liu 等（2010）、严兴全等（2011）

在对B to B关系的研究中，就将信任和承诺作为关系质量的维度，用来反映合作伙伴对于参与关系的积极情绪，并提出缺少信任和承诺的合作伙伴关系是不存在的。客户企业与物流服务提供商的关系本质上是B to B关系，因此在物流外包关系质量的维度中包含信任和承诺，这与大部分学者的研究结论是一致的。很多学者提出，除信任和承诺外，关系研究中应包含的其他变量的选取有赖于其适应性和给定的环境。Fynes等（2005）、Johnson（1999）和任星耀等（2009）在研究供应链成员或组织间关系时，采用了依赖、专用性投资、感知的机会主义行为等维度，以反映关系的互动特征。本书对物流外包关系质量结构维度的实证研究，再次验证了这些维度在物流外包情境下也是适用的。考虑到当前第三方物流业的竞争激烈，客户要求较高，创新对物流外包的成功至关重要，物流外包情境下关系质量的结构维度还应该包含创新这一要素，这一研究结果与Križman（2009）、Deepen（2007）的研究结论相符。

因此，物流外包情境下的关系质量作为一个客户企业和物流服务提供商评价关系强度，以及关系满足双方需求与期望程度的构念，可以通过信任、承诺、依赖、专用性投资、感知的机会主义行为和创新6个维度构成的框架体系进行测量。

2）制造企业与物流服务提供商的关系质量提高有利于双方采取积极良好的关系行为。

在实证分析的基础上，本书研究发现制造企业与物流服务提供商之间良好的关系质量有利于双方采取合作、信息共享等积极的关系行为。物流外包双方为了共同的利益采取协同行动，并进行充分及时的信息共享需要一个共同的前提，即信任机制的建立。为了促进物流外包双方积极、自愿地共享所有有用信息，并随时相互通知可能对对方造成影响的事件或变化情况，双边专用性投资也是必需的，因为它意味着制造企业与物流服务提供商对关系长期持续的承诺和保证。因此，制造企业与物流服务提供商在物流外包实践中，应在相互信任的基础上，进行必要的有形或无形专用性投资，以促进良好关系行为的发生。

3）物流外包情境下关系质量对物流外包绩效的影响同时存在直接效应和间接效应。

关系质量是发展成功的物流外包关系的重要因素。本书的实证研究结果表明，制造企业与物流服务提供商之间的关系质量及各维度对制造企业的物流外包绩效均有显著直接影响。因此，在制造企业与物流服务提供商合作的过程中，应该注重的是双方之间良好关系的建立和维护，以获得更好的绩效。若想实现预期的绩效目标，制造企业与物流服务提供商之间最重要的是信任的培养，而合作双方在资源、时间、金钱和业务流程调整方面的专用性投资则是超越预期绩效目标所必需的。无论是制造企业预期绩效目标的实现，还是预期绩效目标的超越，都需要物流服务提供商在为制造企业提供物流服务的过程中进行积极主动的创新。

在前人研究的基础上，本书探索性地引入关系行为这一变量，构建了以关系行为作为中介变量的关系质量影响物流外包绩效的理论模型，并进行了实证检验。研究结果表明，制造企业与物流服务提供商的关系质量对制造企业物流外包绩效有间接影响，这种影响通过关系行为的传递而产生。具体而言，良好的关系质量有利于物流外包双方采取合作和信息共享等积极的关系行为，这些积极的关系行为有利于实现关系双方在签订合同时事先设定的目标，即合作和信息共享在关系质量和目标实现的关系中起部分中介作用；良好的关系质量有利于物流外包双方的信息共享行为，进而有利于形成结果大大好于预期的感知，即超越预期的绩效目标，信息共享在关系质量和目标超越的关系中起部分中介作用。从影响系数上比较，关系质量对目标实现的直接影响大于间接影响，关系质量对目标超越的直接影响小于间接影响。

6.2 管理启示

本书以物流外包情境下的关系质量为出发点，以提升制造企业物流外包绩效为导向，从关系行为的视角，逐层深入地剖析了关系质量、关系行为与物流外包绩效间的关系。本书紧密结合当前我国制造企业开展物流外包这一自然需求，探讨了关系质量对制造企业物流外包绩效的直接影响，以及基于关系行为中介视角的间接影响机制，并基于 515 份问卷调研数据进行了实证研究，得出了一系列研究结论，同时为制造企业与物流服务提供商的外包实践带来一些有意义的管理启示。

1）从物流服务提供商的角度而言，应充分认识到管理客户关系和客户期望的重要性。其中最重要的是要注重信任的培养，信任是健康的企业关系的必需和决定因素，也是影响物流外包预期绩效目标能否实现的最重要方面。因此，物流外包双方应遵守合同约定，在制定重要决策时彼此考虑对方的利益，在维持双方之间良好关系的情况下，提高物流外包绩效。物流服务提供商还应当认识到，物流外包关系早已不是简单的现场交易，而是转变为一种长期的交易关系。这种长期性质使物流服务提供商应当考虑采取那些在短期交易中不能得到回报的行动，即在外包协议内持续提供积极主动的创新，对物流业务流程进行优化，为客户提供更加有效的物流解决方案，这不仅有助于实现预期的绩效目标，还会使客户感到超出预期的满意，使双方在长期合作中受益。但值得注意的是，超越客户预期的绩效目标可能导致客户的期望值变得越来越高，越来越难以满足，因此，物流服务提供商还需要根据自身实际情况和可获得的潜在利益，考虑在物流外包关系中究竟应付出多大的努力。

2）从制造企业的角度而言，应当认识到物流外包绩效的关键驱动因素存在于和物流服务提供商的合作关系中，而不是企业的物流业务外包的程度。制造企业与物流服务提供商之间的信任、承诺、依赖、专用性投资和创新都有利于促进外包的成功。但是，其中的关键在于判断物流服务提供商的绩效时应将预期绩效目标的实现和预期绩效目标的超越区别开来，并寻找物流服务提供商的哪些关系特质与超越预期的绩效目标是相关的，尤其应当注意的是双方的专用性投资问题。由于当前我国的物流服务提供商规模普遍较小，抗风险能力较弱，它们大多倾向于减少专用性投资以避免“套牢”风险，因此物流服务质量随之降低。制造企业应通过治理结构选择和所有权配置安排等方式，优化物流外包合作关系，激励物流服务提供商的专用性资产投资。

3）从双方的角度而言，制造企业和物流服务提供商在合作过程中，都应注意采取积极良好的关系行为，这种行为涵盖两个方面的内容：活动的协调和资源的共享，即合作与信息共享。合作行为和信息共享行为部分中介了关系质量对目标实现的影响，同时信息共享行为还在关系质量对目标超越的影响中起中介作用。这意味着，物流外包双方关系质量会带来双方关系行为的差异，而关系行为的差异会影响外包成功，最终表现在外包绩效上。因此，关系行为应当成为关系质量与物流外包绩效的联系桥梁。具体而言，在物流外包实践中制造企业应将需求、成本、销售、库存、出货状态等数据信息与物流服务提供商及时共享，物流服务提供商也应当及时将货物运输状态、库存情况、意外事件等信息告知客户，避免出现信息滞后、失真等情况，从而降低物流外包风险，实现预期的物流外包效果。如果客户企业想要获得超出预期的绩效，那么信息共享更有必要。此外，物流外包绩效目标不是单纯依靠物流服务提供商单方面的努力就可以实现的，而是双方应彼此尊重，齐心协力共同发展，达到互利共赢的效果。

6.3 研究局限及未来研究展望

本书遵循科学研究的基本逻辑，论证分析力求严谨全面，预期的研究目标基本实现，也得到一些较有价值的研究结论。尽管如此，受时间、资源、学识水平等因素的限制，以及研究对象特殊性等原因，本书仍然存在一些局限性。这些局限性在一定程度上可能会影响本书研究结论的有效性，这也是未来相关研究应改进和拓展的地方。接下来，作者详细分析本书可能存在的局限性及相应的改进方法，以使我们在将来的研究中可以进一步完善。

1. 横截面数据研究的局限性

本书所使用的样本数据是横截面数据，只能反映变量间的相关关系，但是当变量之间存在时间上的先后顺序时，就不能清楚地判定变量之间的因果关系。关系质量的感知与评价、实施关系行为的效果等都需要经历一定的时间，因此未来可以采用时间序列数据更科学地研究变量之间的因果关系，这样可以更准确地反映物流外包关系质量的绩效作用机制。

2. 研究样本抽样程序的局限性

作者虽然花费了大量的时间和精力对调研问卷进行发放与回收，获得的样本数据基本满足样本量的要求，但是由于受到时间、经费、社会关系网络等方面的限制，样本抽样的随机性还不够。本书通过电子邮件随机发放的问卷回收率非常低，大部分样本是通过高校 MBA、EMBA 学员或个人关系获得，虽然在发放问卷时尽量做到使被调查对象是随机选择的，但这不足以解决非随机问题，有可能在一定程度上影响研究的效度。未来的研究需要采用随机抽样的方法获取大样本，从而提高抽样程序的科学性。

3. 研究视角单一的局限性

本书是基于制造企业视角进行研究的，所使用的样本数据只是单方面的，仅体现制造企业单方面的态度、行为和绩效，不足以完整解释合作双方关系复杂的本质。尽管有学者提出，物流外包双方对关系的感知是高度相似的，但是如果能够同时站在制造企业和物流服务提供商的视角，关注合作双方互动的二元数据，并进行实证检验，那么可能对物流外包合作关系有更加丰富的理解，这也是我们未来研究需要考虑的方面。

4. 变量测度方面的局限性

虽然本书尽量采用国内外研究中已经使用过的较成熟的量表，并通过对相关企业的实地访谈，结合学术界和业界专家咨询意见对问卷进行反复修正，实证研究中还通过进行信度和效度分析，以尽可能保证变量测度的有效性和可靠性，但调研问卷采用受访者主观评分的方法仍然不可避免地存在测量偏差，使所得数据存在一些缺陷。因此，未来研究可以增加问卷调研数量和加大数据收集上的投入力度，一方面可以选择部分样本进行确认性调查，进一步提高样本数据的质量；另一方面可以适当提高客观数据的比例，以进一步增强实证研究结果的说服力。

5. 影响因素控制数量的局限性

本书选择了 6 个维度对物流外包情境下的关系质量进行测量，考虑到可能会影响关系行为和物流外包绩效的其他因素，本书对企业年龄、企业规模、关系持续时间等主要的影响变量进行了控制，以更好地检验本书提出的理论模型和假设。但是，还可能存在一些其他因素没有在本书中得到充分体现，它们可能也属于物流外包关系质量方面广泛分类的因素，或者可能对关系行为和物流外包绩效有潜在的影响，在后续的研究中需要进一步探讨和验证。

总之，关系质量、关系行为与物流外包绩效的关系研究是一个新颖且具有研究意义的研究方向，未来还可以考虑是否有其他的变量在其中起中介作用，或者有哪些前因变量影响了物流外包关系质量，物流外包绩效又会对企业绩效或竞争优势带来什么样的影响，这些问题值得在今后的研究中进一步深入探讨。

参考文献

曹忠鹏，周庭锐，陈淑青，2009. 关系质量对顾客忠诚及口碑影响效果的实证分析[J]. 预测，28（2）：9-15.

曹卓琳，杜荣，2012. IT 外包中软技能对关系质量和外包绩效的影响研究[J]. 西安电子科技大学学报（社会科学版），22（1）：30-35.

陈晓萍，徐淑英，樊景立，2008. 组织与管理研究的实证方法[M]. 北京：北京大学出版社.

董维维，庄贵军，2012. 关系治理的本质解析及在相关研究中的应用[J]. 软科学，26（9）：133-137.

高维和，余思勤，黄沛，2006. 渠道销售中的机会主义：收益与损失[J]. 管理学报，3（4）：450-454.

顾基发，张玲玲，2009. 知识管理[M]. 北京：科学出版社.

洪茹燕，2012. 关系嵌入与吸收能力的协同对企业知识搜寻的影响：全球制造网络效应下对中国轿车企业自主创新分析[J]. 重庆大学学报（社会科学版），18（1）：71-76.

侯杰泰，温忠麟，成子娟，2004. 结构方程模型及其应用[M]. 北京：教育科学出版社.

胡保玲，2009. 边界人员私人关系对渠道关系行为的影响研究[J]. 科技与管理，11（1）：119-122.

黄芳铭，2005. 结构方程模式：理论与应用[M]. 北京：中国税务出版社.

黄秋萍，赵先德，杨君豪，等，2014. 供应商关系管理中的金融关系行为研究[J]. 南开管理评论，17（4）：66-77.

计春阳，2010. 企业 IT 治理能力与 IT 外包绩效关系实证研究[J]. 经济管理，32（2）：138-143.

姜玖求，2011. 外包战略、组织控制与外包绩效关系研究[D]. 杭州：浙江大学.

焦豪，2010. 企业动态能力绩效机制及其多层次影响要素的实证研究[D]. 上海：复旦大学.

李文金，蔡莉，安舜禹，等，2012. 关系对创业企业融资的影响研究：基于信任的解释[J]. 数理统计与管理，31（3）：491-498.

林舒进，庄贵军，黄缘缘，2018. 关系质量、信息分享与企业间合作行为：IT 能力的调节作用[J]. 系统工程理论与实践，38（3）：643-654.

刘刚，2015. 基于利益相关者关系质量改进的商业模式价值创造分析[J]. 商业经济与管理，281（3）：34-40.

刘盼，2010. 制造商与零售商关系质量对新产品扩散绩效的影响研究[D]. 武汉：武汉科技大学.

刘人怀，姚作为，2005. 关系质量研究述评[J]. 外国经济与管理，27（1）：27-33.

刘晓峰，2006. "争议性商业行为"对供应链关系质量及绩效的影响研究[D]. 杭州：浙江大学.

刘益，曹英，2006. 关系稳定性与零售商感知的机会主义行为：直接影响与供应商承诺的间接影响[J]. 管理学报，3（1）：64-69.

马鸿佳，马楠，郭海，2017. 关系质量、关系学习与双元创新[J]. 科学学研究，35（6）：917-930.

马庆国，2002. 管理统计[M]. 北京：科学出版社.

彭雷清，张正阳，2009. 渠道权力与关系质量、团结的研究：关系质量的中介作用[J]. 中国零售研究，1（1）：88-100.

蒲国利，苏秦，庞顺可，2010. 组织公民行为与服务质量和关系质量关系研究[J]. 工业工程与管理，15（5）：97-104.

秦仪，2006. IT 外包关系质量研究[J]. 管理学报，3（6）：669-672.

任星耀，廖隽安，钱丽萍，2009. 相互依赖不对称总是降低关系质量吗？[J]. 管理世界（12）：92-105，136.

阮平南，姜宁，2009. 组织间合作的关系质量评价方法研究[J]. 科技管理研究，29（4）：197-199.

寿志钢，苏晨汀，杨志林，等，2008. 零售商的能力与友善如何影响供应商的关系行为：基于信任理论的实证研究[J]. 管理世界（2）：97-109.

宋喜凤，杜荣，艾时钟，2013. IT 外包中关系质量、知识共享与外包绩效关系研究[J]. 管理评论，25（1）：52-62.

宋永涛，苏秦，李钊，等，2009. 供应链关系质量对合作行为影响的实证研究[J]. 预测，28（3）：27-33.

谭云清，刘志刚，李元旭，2011．国际服务外包企业间信任对合作的影响[J]．工业工程与管理，16（3）：99-105．

王建军，陈思羽，2016．创新、组织学习能力与 IT 外包绩效关系研究：关系质量的中介作用[J]．管理工程学报，30（2）：28-37．

王强，储昭昉，2012．依赖、信任和承诺对第三方物流整合及其绩效的影响：基于中国的实证研究[J]．中国软科学（12）：133-145．

温忠麟，张雷，侯杰泰，等，2004．中介效应检验程序及其应用[J]．心理学报，36（5）：614-620．

吴明隆，2010．结构方程模型：AMOS 的操作与应用[M]．2 版．重庆：重庆大学出版社．

武志伟，陈莹，2007．企业间关系质量的测度与绩效分析：基于近关系理论的研究[J]．预测，2（2）：8-13．

武志伟，陈莹，2008．关系专用性投资、关系质量与合作绩效[J]．预测，27（5）：33-37．

熊凯，2015．服务性企业的管理创新：基于关系质量的实证研究[J]．武汉理工大学学报（社会科学版），28（2）：231-236．

徐可，何桢，王瑞，2015．供应链关系质量与企业创新价值链：知识螺旋和供应链整合的作用[J]．南开管理评论，18（1）：108-117．

严兴全，周庭锐，李雁晨，2010．信任、承诺，关系行为与关系绩效：卖方视角[J]．管理学报，7（7）：1032-1038．

严兴全，周庭锐，李雁晨，2011．信任、承诺、关系行为与关系绩效：买方的视角[J]．管理评论，23（3）：71-81．

杨雪莲，2012．工业品营销中关系质量对顾客购后行为倾向的影响研究[D]．济南：山东大学．

余泳泽，马欣，2010．物流外包中专用性资产投资不足的治理模式研究[J]．物流技术（6）：78-84．

袁方，1997．社会研究方法教程[M]．北京：北京大学出版社．

张广玲，吴文娟，2005．关系质量评估的研究范畴、方法与展望[J]．武汉大学学报（哲学社会科学版），58（6）：795-800．

张婕，2011．动态环境下供应商的机会主义行为对信息共享与运营绩效的作用机理[D]．广州：华南理工大学．

张涛，庄贵军，季刚，2010．IT 能力对营销渠道中关系型治理的影响：一条抑制渠道投机行为的新途径？[J]．管理世界（7）：119-129．

张哲，2011．供应链关系质量对企业间合作绩效影响的研究[D]．西安：西安理工大学．

赵天智，金以慧，2004．基于依赖关系的供应链优化协调[J]．计算机集成制造系统，10（8）：929-933．

赵彦辉，2011．如何通过专用性投资提高渠道关系绩效？[D]．南京：南京大学．

赵宇飞，2012．服务接触中员工行为对顾客参与的影响研究[D]．长春：吉林大学．

郑兵云，2011．我国制造企业竞争战略对企业绩效的影响机制研究[D]．南京：南京航空航天大学．

周丽虹，2010．业务外包与企业绩效：基于外包网络的关系嵌入性和动态能力视角的实证研究[D]．广州：暨南大学．

周茵，庄贵军，杨伟，2016．企业间关系质量：渠道影响策略的权变模型[J]．商业经济与管理（72）：23-32．

庄贵军，2012．关系在中国的文化内涵：管理学者的视角[J]．当代经济科学，34（1）：18-29，45．

AKTAS E, ULENGIN F, 2005. Outsourcing logistics activities in Turkey[J]. Journal of enterprise information management, 18(3): 316-329.

AL-ALAK B A, 2014. Impact of marketing activities on relationship quality in the malaysian banking sector[J]. Journal of retailing & consumer services, 21(3): 347-356.

ANA N C, LAURA G T, 2011. Third-party logistics providers in Spain[J]. Industrial management & data systems, 111(8): 1156-1172.

ANDERSON E, WEITZ B, 1989. Determinants of continuity in conventional industrial channel[J]. Marketing science, 8(4): 310-323.

ANDERSON E, WEITZ B, 1992. The use of pledges to build and sustain commitment in distribution channels[J]. Journal of marketing research, 29(1): 18-34.

ANDERSON J C, NARUS J A, 1990. A model of distributor firm and manufacturer firm working partnerships[J]. Journal of marketing, 54(1): 42-58.

ANGLE H L, PERRY J L, 1981. An empirical assessment of organizational commitment and organizational effectiveness[J]. Administrative science quarterly, 26(3): 1-14.

ARIÑO A, 2003. Measures of strategic alliance performance: an analysis of construct validity[J]. Journal of international business, 34(1): 66-79.

ARROYO P, GAYTAN J, DE BOER L, 2006. A survey of third party logistics in Mexico and a comparison with reports on Europe and USA[J]. International journal of operations & production management, 26(6): 639-667.

ATHANASOPOULOU P, 2008. Antecedents and consequences of relationship quality in athletic services[J]. Managing service quality, 18(5): 479-495.

BAKER T L, SIMPSON P M, SIGUAW J A, 1999. The impacts of suppliers' perceptions of reseller market orientation on key relationship constructs[J]. Journal of the academy of marketing science, 27(1): 50-57.

BARDI E J, TRACEY M, 1991. Transportation outsourcing: a survey of US practices[J]. International journal of physical distribution & logistics management, 21(3): 15-21.

BARNEY J, 1991. Firm resources and sustained competitive advantage[J]. Journal of management, 17(1): 99-120.

BARRATT M, 2004. Understanding the meaning of collaboration in the supply chain[J]. Supply chain management, 9(1): 30-42.

BASK A H, 2001. Relationships among TPL providers and members of supply chains: strategic perspective[J]. Journal of business & industrial marketing, 16(6): 470-486.

BECCERRA M, GUPTA A K, 1999. Trust within the organization: integrating the trust literature with agency theory and transaction costs economics[J]. Public administration quarterly, 23(2): 177-203.

BENTLER P M, CHOU C-P, 1987. Practical issues in structural modeling[J]. Sociological methods & research, 16(1): 78-117.

BERDIE D R, 1989. Reassessing the value of high response rates to mail surveys[J]. Marketing reasearch, 1(3): 52-64.

BERGLUND M, VAN LAARHOVEN P, SHARMAN G, et al., 1999. Third-party logistics: is there a future?[J]. The international journal of logistics management, 10(1): 59-70.

BERMAN B, 2005. How to delight your customers[J]. California management review, 48(1): 129-151.

BHATNAGAR R, VISWANATHAN S, 2000. Re-engineering global supply chains : alliances between manufacturing firms and global logistics service providers[J]. International journal of physical distribution and logistics management, 30(1): 13-34.

BOLES J S, JOHNSON J T, BARKSDALE JR H C, 2000. How salespeople build quality relationships: a replication and extension[J]. Journal of business research, 48(1): 75-81.

BOVE L L, JOHNSON L W, 2001. Customer relationships with personnel: do we measure closeness, quality or strength?[J]. Journal of business research, 54(3): 189-197.

BROUTHERS K D, BROUTHERS L E, WILKINSON T J, 1995. Strategic alliances: choose your partners[J]. Long range planning, 28(3): 18-25.

BUCKLEY P J, CASSON M C, 1998. Analyzing foreign market entry strategies: extending the internalization approach[J]. Journal of international business studies, 29(3): 539-561.

CALANTONE R J, CAVUSGIL S T, YUSHAN Z, 2002. Learning orientation, firm innovation capability, and firm performance[J]. Industrial marketing management, 31(6): 515-524.

CANNON J P, PERREAULT JR W D, 1999. Buyer-seller relationships in business markets[J]. Journal of marketing research, 36(4): 439-460.

CHOU S, CHEN C-W, KUO Y-T, 2018. Flexibility, collaboration and relationship quality in the logistics service industry[J]. Asia pacific journal of marketing and logistics, 30(3): 555-570.

CHURCHILL JR G A, 1979. A paradigm for developing better measures of marketing constructs[J]. Journal of marketing research, 16(1): 64-73.

CHURCHILL JR G A, PETER J P, 1984. Research design effects on the reliability of rating scales: a meta-analysis[J]. Journal of marketing research, 21(4): 360-375.

CLARO D P, HAGELAAR G, OMTA O, 2003. The determinants of relational governance and performance: how to manage business relationships?[J]. Industrial marketing management, 32(8): 703-716.

COASE R H, 1937. The nature of the firm[J]. Economica, 4(16): 386-405.

CROSBY L A, EVANS K R, COWLES D, 1990. Relationship quality in services selling: an interpersonal influence perspective[J]. Journal of marketing, 54(3): 68-81.

CUMMINGS T G, 1984. Transorganizational development[J]. Research in organizational behavior(6): 367-422.

DANIEL B, FABIAN F, STEFAN B, 2009. The role of corporate culture similarity for outsourcing relationship quality and outsourcing success[C]// Macau: The 9th International Conference on Electronic Business: 600-609.

DAPIRAN P, LIEB R, ROBERT M, et al., 1996. Third party logistics services usage by large australian firms[J]. International journal of physical distribution & logistics management, 26(10): 36-45.

DAS T, RAHMAN N, 2010. Determinants of partner opportunism in strategic alliances: a conceptual framework[J]. Journal of business & psychology, 25(1): 55-74.

DAUGHERTY P J, STANK T P, ELLINGER A E, 1998. Leveraging logistics/distribution capabilities: the effect of logistics service on market share[J]. Journal of business logistics, 19(2): 35-51.

DAY G S, 2000. Managing market relationships[J]. Journal of the academy of marketing science, 28(1): 24-30.

DEEPEN J M, 2007. Logistics outsourcing relationships-measurement, antecedents, and effects of logistics outsourcing performance[M]. NewYork: Physica-Verlag.

DEEPEN J M, GOLDSBY T J, KNEMEYER A M, et al., 2011. Beyond expectations: an examination of logistics outsourcing goal achievement and goal exceedance[J]. Journal of business logistics, 29(2): 75-105.

DE RUYETER K, MOORMAN L, LEMMINK J, 2001. Antecedents of commitment and trust in customer-supplier relationships in high technology markets[J]. Industrial marketing management, 30(3): 271-286.

DE WULF K, ODEKERKEN-SCHRÖDER G, LACOBUCCI D, 2001. Investments in consumer relationships: a cross-country and cross-industry exploration[J]. Journal of marketing, 65(4): 33-50.

DING M J, JIE F, PARTON K A, et al., 2014. Relationships between quality of information sharing and supply chain food quality in the australian beef processing industry[J]. International journal of logistics management, 25(1): 85-108.

DONEY P M, CANNON J P, 1997. An examination of the nature of trust in buyer-seller relationships[J]. Journal of marketing, 61(4): 35-51.

DORSH M J, SCOTT R S, SCOTT W K, 1998. The role of relationship quality in the stratification of vendors as perceived by customers[J]. Journal of the academy of marketing science, 26(2): 128-142.

DUHAN D F, SANDVIK K, 2009. Outcomes of advertiser-agency relationships[J]. International journal of advertising,

28(5): 881-919.

DUNN S C, SEAKER R F, WALLER M A, 1994. Latent variable in business logistics research: scale development and validation[J]. Journal of business logistics, 15(2): 145-172.

DWYER F R, SCHURR P H, OH S, 1987. Developing buyer-seller relationships[J]. Journal of marketing, 51(2): 11-27.

DYER J H, 1997. Effective interfirm collaboration: how firms minimize transaction costs and maximize transaction value[J]. Strategic management journal, 18(7): 535-556.

DYER J H, CHU W, 2003. The role of trustworthiness in reducing transaction costs and improving performance: empirical evidence from the United States, Japan, and Korea[J]. Organization science, 14(1): 57-68.

DYER J H, SINGH H, 1998. The relational view: cooperative strategy and sources of interorganizational competitive advantage[J]. Academy of management review, 23(4): 660-679.

EL-ANSARY A, STERN L W, 1972. Power measurement in the distribution channel[J]. Journal of marketing research, 9(1): 47-52.

ELLRAM L M, COOPER M C, 1990. Supply chain management, partnerships, and the shipper-third party relationship[J]. International journal of logistics management, 1(2): 1-10.

ENGELBRECHT C, 2004. Logistics optimization through outsourcing-performance implications and key success factors[M]. Wiesbaden: Gabler.

FARRELLY F J, QUESTER P G , 2005. Examining important relationship quality constructs of the focal sponsorship exchange[J]. Industrial marketing management, 34(3): 211-219.

FINN A, 2005. Reassessing the foundations of customer delight[J]. Journal of services research, 8(2): 103-116.

FLINT D J, LARSSON E, GAMMELGAARD B, et al., 2005. Logistics innovation: a customer value-oriented social process[J]. Journal of business logistics, 26(1): 113-147.

FORNELL C, LARCKER D F, 1981. Structural equation models with unobservable variables and measurement error: algebra and statistics[J]. Journal of marketing research, 18(3): 382-388.

FRAZIER G L, 1983. Interorganizational exchange behavior in marketing channels: a broadened perspective[J]. Journal of marketing, 47(4): 68-78.

FRAZIER G L, 1999. Organizing and managing channels of distribution[J]. Journal of the academy of marketing science, 27(2): 226-240.

FRAZIER G L, SPEKMAN R E, O'NEAL C R, 1988. Just-in-time exchange relationships in industrial markets[J]. Journal of marketing, 52(4): 52-67.

FRIMAN M, GÄRLING T, MILLET B, et al. , 2002 An analysis of international business-to-business relationship based on the commitment-trust theory[J]. Industrial marketing management, 31(5): 403-409.

FYNES B, DE BÚRCA S, MANGAN J, 2008. The effect of relationship characteristics on relationship quality and performance[J]. International journal of production economics, 111(1): 56-69.

FYNES B, DE BÚRCA S, MARSHALL D, 2004. Environmental uncertainty, supply chain relationship quality and performance[J]. Journal of purchasing & supply management, 10(4-5): 179-190.

FYNES B, DE BÚRCA S, VOSS C, 2005. Supply chain relationship quality, the competitive environment and performance[J]. International journal of production research, 43(16): 3303-3320.

GANESAN S, 1994. Determinants of long-term orientation in buyer-seller relationships[J]. Journal of marketing, 58(2): 1-19.

GARBARINO E, JOHNSON M S, 1999. The different roles of satisfaction, trust, and commitment in customer relationships[J]. Journal of marketing, 63(2): 70-87.

GERBING D W, ANDERSON J C, 1988. An updated paradigm for scale development incorporating unidimensionality and its assessment[J]. Journal of marketing research, 25(2): 186-192.

GEYSKENS I, STEENKAMP J E, 1996. The effects of trust and interdependence on relationship commitment: a trans-Atlantic study[J]. International journal of research in marketing, 13(4): 303-315.

GHOSH M, JOHN G, 1999. Governance value analysis and marketing strategy[J]. Journal of marketing, 63(4): 131-145.

GILLEY K M, RASHEED A, 2000. Making more by doing less: an analysis of outsourcing and its effects on firm performance[J]. Journal of Management, 26(4): 763-790.

GOLICIC S L, 2007. A comparison of shipper and carrier relationship strength[J]. International journal of physical distribution & logistics management, 37(9): 719-739.

GOLICIC S L, FOGGIN J H, MENTZER J T, 2003. Relationship magnitude and its role in interorganizational relationship structure[J]. Journal of business logistics, 24(1): 57-75.

GOLICIC S L, MENTZER J T, 2005. Exploring the drivers of interorganizational relationship magnitude[J]. Journal of business logistics, 26(2): 47-71.

GOLICIC S L, MENTZER J T, 2011. An empirical examination of relationship magnitude[J]. Journal of business logistics, 27(1): 81-108.

GOO J, KISHORE R, NAM K, et al., 2007. An investigation of factors that influence the duration of it outsourcing relationships[J]. Decision support systems, 42(4): 2107-2125.

GOOLEY T B, 1996. How logistics drives customer service[J]. Traffic management, 35(1): 45-48.

GRANOVETTER M S, 1973. The strength of weak ties[J]. The American journal of sociology, 78(6): 1360-1380.

GRANOVETTER M S, 1992. Problems of explanation in economic sociology[C]// NOHRIA N, ECCLES R. Networks and organizations: structure, form and action. Boston: Harvard Business School Press: 25-26.

GRIFFITH D A, MYERS M B, HARVEY M G, 2006. An investigation of national culture's influence on relationship and knowledge resources in interorganizational relationships between Japan and the United States[J]. Journal of international marketing, 14(3): 1-32.

GRÖNROOS C, 2000. Creating a relationship dialogue: communication, interaction and value[J]. Marketing review, 1(1): 5-14.

GULATI R, 1998. Alliances and networks[J]. Strategic management journal, 19(4): 293-317.

GUMMESSON E, 1987. The new marketing: developing long term interactive relationships[J]. Long range planning, 20(4): 10-20.

HAKANSSON N H, KUNKEL J G, OHLSON J A, 1982. Sufficient and necessary conditions for information to have social value in pure exchange[J]. Journal of finance, 37(5): 1169-1181.

HAN S-L, WILSON D T, DANT S P, 1993. Buyer supplier relationships today[J]. Industrial marketing management, 22(4): 331-338.

HAUSMAN A, 2001. Variations in relationship strength and its impact on performance and satisfaction in business relationships[J]. Journal of business & industrial marketing, 16(7): 600-616.

HEIDE J B, JOHN G, 1992. Do norms matter in marketing relationships?[J]. Journal of marketing, 56(2): 32-44.

HEIDE J B, MINER A S, 1992. The shadow of the future: effects of anticipated interaction and frequency of contact on buy-seller cooperation[J]. Academy of management journal, 35(2): 265-291.

HEIDE J B, STUMP R L, 1995. Performance implications of buyer-supplier relationships in industrial markets: a transaction cost explanation[J]. Journal of business research, 32(1): 57-66.

HENNING-THURAU T, 2000. Relationship quality and customer retention through strategic communication of customer skills[J]. Journal of marketing management, 16(1-3): 55-79.

HENNING-THURAU T, GWINNER K P, GREMLER D D, 2002. Understanding relationship marketing outcomes: an integration of relational benefits and relationship quality[J]. Journal of service research, 4(3): 230-247.

HENNING-THURAU T, KLEE A, 1997. The impact of customer satisfaction and relationship quality on customer retention: a critical reassessment and model development[J]. Psychology & marketing, 14(8): 737-765.

HEWETT K, BEARDEN W O, 2001. Dependence, trust, and relational behavior on the part of foreign subsidiary marketing operations: implications for managing global marketing operations[J]. Journal of marketing, 65(4): 51-66.

HEWETT K, MONEY R B, SHARMA S, 2002. An exploration of the moderating role of buyer corporate culture in industrial buyer-seller relationships[J]. Journal of the academy of marketing science, 30(3): 229-239.

HOFENK D, SCHIPPER R, SEMEIJN J, et al., 2011. The influence of contractual and relational factors on the effectiveness of third party logistics relationships[J]. Journal of purchasing & supply management, 17(3): 167-175.

HOFER A R, KNEMEYER A M, DRESNER M E, 2009. Antecedents and dimensions of customer partnering behavior in logistics outsourcing relationships[J]. Journal of business logistics, 30(2): 141-159.

HOLMLUND M, 2001. The D&D model-dimensions and domains of relationship quality perceptions[J]. Service industries journal, 21(3): 13-36.

HOLMLUND M, TORNROOS J A, 1997. What are relationships in business networks[J]. Management decision, 35(4): 304-309.

HOPPNER J J, GRIFFITH D A, 2011. The role of reciprocity in clarifying the performance payoff of relational behavior[J]. Journal of marketing research, 48(5): 920-928.

HSIAO H I, KEMP R G M, VAN DER VORST J G A J, et al. , 2010. A classification of logistic outsourcing levels and their impact on service performance: evidence from the food processing industry[J]. International journal of production economics, 124(1): 75-86.

HUANG G Q, LAU J S K, 2003. The impacts of sharing production information on supply chain dynamics: a review of the literature[J]. International journal of production research, 41(7): 1483-1517.

HUNTLEY J K, 2006. Conceptualization and measurement of relationship quality: linking relationship quality to actual sales and recommendation intention[J]. Industrial marketing management, 35(6): 703-714.

INKPEN A C, TSANG E W K, 2005. Social capital, networks, and knowledge transfer[J]. Academy of management review, 30(1): 146-165.

IVENS B S, 2004. Industrial sellers' relational behavior: relational styles and their impact on relationship quality[J]. Journal of relationship marketing, 3(4): 27-43.

IZQUIERDO C C, CILLÁN J G, 2004. The interaction of dependence and trust in long-term industrial relationships[J]. European journal of marketing, 38(8): 974-994.

JAP S D, 1999. Pie-expansion efforts: collaboration processes in buyer-supplier relationships[J]. Journal of marketing research, 36(4): 461-475.

JIANG B, FRAZIER G V, PRATER E L, 2006. Outsourcing effects on firms' operational performance[J]. International journal of operations & production management, 26(12): 1280-1300.

JOHNSON J L, 1999. Strategic integration in industrial distribution channels: managing the interfirm relationship as a strategic asset[J]. Journal of the academy of marketing science, 27(1): 4-18.

JOHNSON J L, PHARR S W, 1997. Control, communication, and decision making uncertainty in asymmetric channel relationships[J]. Journal of business-to-business marketing, 3(4): 1-26.

JOHNSON J L, SAKANO T, COTE J A, et al., 1993. The exercise of interfirm power and its repercussions in U. S. -Japanese channel relationships[J]. Journal of marketing, 57(2): 1-10.

JOHNSTON B, RICHARD S, 2004. The involvement of members in the governance of large-scale co-operative and mutual businesses: a formative evaluation of the co-operative group[J]. Review of social economy, 62(4): 487-515.

JOSHI A W, STUMP R L, 1999. The contingent effect of specific asset investments on joint action in manufacturer-supplier relationships: an empirical test of the moderating role of reciprocal asset investments, uncertainty, and trust[J]. Journal of the academy of marketing science, 27(3): 291-305.

KALE S H, 1986. Dealer perceptions of manufacturer power and influence strategies in a developing country[J]. Journal of marketing research, 23(4): 387-393.

KIM S, YOUNG-SOO C, 2003. Critical success factors for is outsourcing implementation from an interorganizational relationship perspective[J]. Journal of computer information systems, 43(4): 81-90.

KING W R, MALHOTRA Y, 2000. Developing a framework for analyzing is sourcing[J]. Information & management, 37(6): 323-334.

KNEMEYER A M, CORSI T M, MURPHY P R, 2003. Logistics outsourcing relationships: customer perspectives[J]. Journal of business logistics, 24(1): 77-109.

KNEMEYER A M, MURPHY P R, 2004. Promoting the value of logistics to future business leaders: an exploratory study using a principles of marketing experience[J]. International journal of physical distribution & logistics management, 10(1): 775-792.

KNEMEYER A M, MURPHY P R, 2005. Exploring the potential impact of relationship characteristics and customer attributes on the outcomes of third-party logistics arrangements[J]. Transportation journal, 44(1): 5-19.

KRISHNAN V S, MOYER R C, 1997. Performance, capital structure and home country: an analysis of Asian corporations[J]. Global finance journal, 8(1): 129-143.

KRIŽMAN A, 2009. Involvement, knowledge sharing and proactive improvement as antecedents of logistics outsourcing performance[J]. Economic and business review, 11(3): 233-256.

KUMAR N, SCHEER L K, STEENKAMP J E M, 1995. The effects of supplier fairness on vulnerable resellers[J]. Journal of marketing research, 32(1): 54-65.

KWON I-W G, SUH T, 2005. Trust, commitment and relationships in supply chain management: a path analysis[J]. Supply chain management, 10(1): 26-33.

LAGACE R R, DAHLSTROM R, GASSENHEIMER J B, 1991. The relevance of ethical salesperson behavior on relationship quality: the pharmaceutical industry[J]. Journal of personal selling & sales management, 11(4): 39-47.

LAGES C, LAGES C R, LAGES L F, 2005. The RELQUAL scale: a measure of relationship quality in export market ventures[J]. Journal of business research, 58(8): 1040-1048.

LAMBE C J, WITTMANN C M, SPEKMAN R E, 2001. Social exchange theory and research on business-to-business relational exchange[J]. Journal of business-to-business marketing, 8(3): 1-36.

LAMBERT D M, EMMELHAINZ M A, GARDNER J T, 1996. So your think you want a partner?[J]. Marketing management, 5(2): 24-41.

LANGLEY JR C J , 2008. Third-party logistics: results and findings of the 13th annual study[R]. Paris: Capgemini.

LANGLEY JR C J, 2010. Third-Party logistics: results and findings of the 15th annual study[R]. Paris:Capgemini.

LEE H L, WHANG S, 2000. Information sharing in a supply chain[J]. International journal of technology management, 20(3/4): 373-387.

LEE J-N, 2001. The impact of knowledge sharing, organizational capability and partnership quality on is outsourcing success[J]. Information & management, 38(5): 323-335.

LEE J-N, KIM Y-G, 1999. Effect of partnership quality on is outsourcing success: conceptual framework and empirical validation[J]. Journal of management information systems, 15(4): 29-61.

LEONIDOU C N, LEONIDOU L C, COUDOUNARIS D N, et al., 2013. Value differences as determinants of importers' perceptions of exporters' unethical behavior: the impact on relationship quality and performance[J]. International business review, 22(1): 156-173.

LEONIDOU L C, BARNES B R, TALIAS M A, 2006. Exporter-importer relationship quality: the inhibiting role of uncertainty, distance, and conflict[J]. Industrial marketing management, 35(5): 576-588.

LEUTHESSER L, 1997. Supplier relational behavior: a empirical assessment[J]. Industrial marketing management, 26(3): 245-254.

LEVINE S, WHITE P E, 1961. Exchange as a conceptual framework for the study of interorganizational relations[J]. Administrative science quarterly, 5(4): 583-601.

LEVITT T, 1983. After the sale is over[J]. Harvard business review, 61(5): 87-93.

LEVITT T, 1986. Excerpts from marketing myopia[J]. Harvard business review, 64(4): 128.

LIEB R C, 1992. The use of third-party logistics services by large American manufacturers[J]. Journal of business logistics, 13(2): 29-42.

LIEB R C, MILLER J, 2002. The use of third-Party logistics services by large us manufactures: the 2000 survey[J]. Journal of logistics research & applications, 5(1): 1-12.

LILJANDER V, STRANDVIK T, 1995. The nature of customer relationships in services[C]// SWARTZ T A, BOWEN D E , BROWN S W. Advances in services marketing and management. London: JAI Press Inc: 141-167.

LIN C P, DING C G, 2006. Evaluating group differences in gender during the formation of relationship quality and loyalty in ISP service[J]. Journal of organizational and end user computing, 18(2): 38-62.

LINDSKOLD S, BETZ B, WALTERS P S, 1986. Transforming competitive or cooperative climates[J]. Journal of conflict resolution, 30(1): 99-114.

LIU Y, LI Y, ZHANG L, 2010. Control mechanisms across a buyer-supplier relationship quality matrix[J]. Journal of business research, 63(1): 3-12.

LO S M, ZHANG S, WANG Z, et al., 2018. The impact of relationship quality and supplier development on green supply chain integration: a mediation and moderation analysis[J]. Journal of cleaner production, 202(8): 524-535.

LUSCH R F, BROWN J R, 1996. Interdependency, contracting, and relational behavior in marketing channels[J]. Journal of marketing, 60(4): 19-38.

MACNEIL I R, 1980. The new social contract[M]. New Haven: Yale University Press.

MALONI M, BENTON W C, 2000. Power influences in the supply chain[J]. Journal of business logistics, 21(1): 49-74.

MIN S, ROATH A S, DAUGHERTY P J, et al., 2005. Supply chain collaboration: what's happening?[J]. International journal of logistics management, 16(2): 237-256.

MOHR J J, FISHER R J, NEVIN J R, 1996. Collaborative communication in interfirm relationships: moderating effects of integration and control[J]. Journal of marketing, 60(3): 103-115.

MOHR J J, NEVIN J R, 1990. Communication strategies in marketing channels: a theoretical perspective[J]. Journal of marketing, 54(4): 36-51.

MOHR J J, SPEKMAN R, 1994. Characteristics of partnership success: partnership attributes, communication behaviour and conflict resolution techniques[J]. Strategic management journal, 15(2): 135-152.

MOLM L D, 1994. Dependence and risk: transforming the structure of social exchange[J]. Social psychology quarterly, 57(3): 163-176.

MOORMAN C, ZALTMAN G, DESHPANDE R, 1992. Relationships between providers and users of market research: the dynamics of trust within and between organizations[J]. Journal of marketing research, 29(3): 314-328.

MORGAN R M, HUNT S D, 1994. The commitment-trust theory of relationship marketing[J]. Journal of marketing, 58(3): 20-38.

MURRAY J Y, KOTABE M, WILDT A R, 1995. Strategic and financial performance implications of global sourcing strategy: a contingency analysis[J]. Journal of international business studies, 26(1): 181-202.

MURPHY P R, POIST R F, 1998. Third-party logistics usage: an assessment of propositions based on previous research[J]. Transportation journal, 37(4): 26-35.

MURPHY P R, POIST R F, 2000. Third-party logistics: some user versus provider perspectives[J]. Journal of business logistics, 21(1): 121-133.

NARASIMHAN R, JAYARAM J, 1998. Causal linkages in supply chain management: an exploratory study of North American manufacturing firms[J]. Decision Sciences, 29(3): 579-605.

NARAYANDAS D, RANGAN V K, 2004. Building and sustaining buyer-seller relationship in mature industrial markets[J]. Journal of marketing, 68(3): 63-77.

NARUS J A, ANDERSON J C, 1987. Distributor contributions to partnerships with manufacturers[J]. Business horizons, 30(5): 34-42.

NAUDÉ P, ASHNAI B, CHAHARSOOGHI K, et al., 2007. An analysis of B2B relationship quality among Iranian managers: a comparison between Iranian and English managers[J]. Total quality management & business excellence, 18(8): 861-874.

NAUDÉ P, BUTTLE F, 2000. Assessing relationship quality[J]. Industrial marketing management, 29(4): 351-361.

NIELSON C, 1998. An empirical examination of the role of "closeness" in industrial buyer-seller relationship[J]. European journal of marketing, 32(5-6): 441-463.

NOORDEWIER T G, JOHN G, NEVIN J R, 1990. Performance outcomes of purchasing arrangements in industrial buyer-vendor relationships[J]. Journal of marketing, 54(4): 80-93.

NUNNALLY J C, 1978. Psychometrics methods[M]. New York: McGraw-Hill Company.

OLIVER R L, RUST R T, VARKI S, 1997. Customer delight: foundations, findings, and managerial insights[J]. Journal of retailing, 73(3): 311-336.

O'TOOLE T, DONALDSON B, 2000. Managing buyer-supplier relationship archetypes[J]. Irish marketing review, 13(1): 12-20.

PARASURAMAN A, ZEITHAML V A, BERRY L L, 1988. SERVQUAL: a multiple-item scale for measuring consumer perceptions of service quality[J]. Journal of retailing, 64(1): 12-40.

PARK J E, DEITZ G D, 2006. The effect of working relationship quality on salesperson performance and job satisfaction: adaptive selling behavior in Korean automobile sales representatives[J]. Journal of business research, 59(2): 204-213.

PARSONS A L, 2002. What determines buyer-seller relationship quality?an investigation from the buyer's perspective[J]. Journal of supply chain management, 38(1): 4-12.

RAUYRUEN P, MILLER K E, 2007. Relationship quality as a predictor of B2B customer loyalty[J]. Journal of business research, 60(1): 21-31.

POPPO L, ZENGER T, 2002. Do formal contracts and relational governance function as substitutes or complements?[J]. Strategic management journal, 23(8): 707-725.

PORTER M E, 1985. Competitive advantage[M]. New York: The Free Press.

PRAJOGO D, OLHAGER J, 2012. Supply chain integration and performance: the effects of long-term relationships, information technology and sharing, and logistics integration[J]. International journal of production economics, 135(1): 514-522.

QUINN J B, 1999. Strategic outsourcing: leveraging knowledge capabilities[J]. Sloan management review, 40(4): 9-21.

QURESHI M N, KUMAR D, KUMAR P, 2007. Modeling the logistics outsourcing relationship variables to enhance shippers' productivity and competitiveness in logistics supply chain[J]. International journal of productivity & performance management, 56(8): 689-714.

RAHMAN S, 2011. An exploratory study of outsourcing 3PL services: an Australian perspective[J]. Benchmarking: an international journal, 18(3): 342-358.

RAI A, PATNAYAKUNI R, SETH N, 2006. Firm performance impacts of digitally enabled supply chain integration capabilities[J]. MIS quarterly, 30(2): 225-246.

RAZZAQUE M A, SHENG C C, 2002. Determinants of outsourcing decisions: an empirical investigation in an Asian NIC-Singapore[J]. Journal of business-to-business marketing, 9(3): 1-25.

RICHARDSON H L, 1992. Outsourcing: the power worksource[J]. Transportation and distribution, 33(7): 22-24.

RING P S, VAN DE VEN A H, 1994. Developmental processes of cooperative interorganizational relationships[J]. Academy of management review, 19(1): 90-118.

ROBERTS K, VARKI S. B, RODIE R, 2003. Measuring the quality of relationships in consumer services: an empirical study[J]. European journal of marketing, 37(1/2): 169-196.

ROGERS E, 1995. Diffusion of innovation[M]. New York: The Free Press.

ROKKAN A L, HEIDE J B, WATHNE K H, 2003. Specific investments in marketing relationships: expropriation and bonding effects[J]. Journal of marketing research, 40(2): 210-224.

ROMAR E J, 2004. Globalization, ethics, and opportunism: a confucian view of business relationships[J]. Business ethics quarterly, 14(4): 663-678.

RUSBULT C E, VAN LANGE P A M, 2003. Interdependence, interaction, and relationships[J]. Annual review of psychology, 54(1): 351-375.

SAHAY B S, MOHAN R, 2006. 3PL practices: an Indian perspective[J]. International journal of physical distribution & logistics management, 36(9): 666-689.

SANZO M S, SANTOS M L, VÁSQUEZ R, et al., 2003. The effect of market orientation on buyer-seller relationship satisfaction[J]. Industrial marketing management, 32(4): 327-345.

SARGENT A, 2006. Outsourcing relationship literature: an examination and implications for future research[C]//Acm sigmis CPR conference on computer personnel research: forty four years of computer personnel research: achievements, challenges & the future. California: Claremont: 280-287.

SELNES F, 1998. Antecedents and consequences of trust and satisfaction in buyer-seller relationships[J]. European journal of marketing, 32(3-4): 305-322.

SEZEN B, YILMAZ C, 2007. Relative effects of dependence and trust on flexibility, information exchange, and solidarity in marketing channels[J]. Journal of business & industrial marketing, 22(1): 41-51.

SHARMA N, PATTERSON P G, 2000. Switching costs, alternative attractiveness and experience as moderators of relationship commitment in professional, consumer services[J]. International journal of service industry management, 11(5): 470-490.

SHARPE M, 1997. Outsourcing, organizational competitiveness, and work[J]. Journal of labor research, 18(4): 535-549.

SHEFFI Y, 1990. Third-party logistics: present and future prospects[J]. Journal of business logistics, 11(2): 27-35.

SHEU C, YEN H J R, CHAE B, 2006. Determinants of supplier-retailer collaboration: evidence from and international study[J]. International journal of operation & production management, 26(1): 24-49.

SHIN Y, THAI V, YUEN K F, 2018. The Impact of supply chain relationship quality on performance in the maritime logistics industry in light of firm characteristics[J]. International journal of logistics management, 29(3): 1077-1097.

SIGUAW J A, BAKER T L, SIMPSON PM, 2003. Preliminary evidence on the composition of relational exchange and its outcomes: the distributor perspective[J]. Journal of business research, 56(4): 311-322.

SINK H L, LANGLEY JR C J, 1997. A managerial framework for the acquisition of third-party logistics services[J]. Journal of business logistics, 18(2): 163-189.

SKARMEAS D, ROBSON M J, 2008. Determinants of relationship quality in importer-exporter relationships[J]. British journal of management, 19(2): 171-184.

SKINNER S J, GASSENHEIMER J B, KELLY S W, 1992. Cooperation in supplier-dealer relations[J]. Journal of retailing, 68(2): 174-193.

SKJOETT-LARSEN T, 2000. Third party logistics-from an interorganizational point of view[J]. Journal of physical distribution & logistics management, 30(1-2): 112-127.

SMITH J B, 1998a. Buyer-seller relationships: bonds, relationship management and sex-type[J]. Canadian journal of administrative sciences, 15(1): 76-82.

SMITH J B, 1998b. Buyer-Seller relationships: similarity, relationship managements, and quality[J]. Psychology & marketing, 15(1): 3-21.

SMITH J B, BARCLAY D W, 1999. Selling Partner relationships: the role of interdependence and relative influence[J]. Journal of personal selling & sales management, 19(4): 21-40.

SMITH K G, CARROLL S J, ASHFORD S J, 1995. Intra-and interorganizational cooperation: toward a research agenda[J]. Academy of management journal, 38(1): 7-23.

SOHAIL M S, AUSTIN N K, RUSHDI M, 2004. The use of third-party logistics service: evidence from a sub-sahara African nation[J]. Journal of Logistics: Research & Applications, 7(1): 45-57.

SOHAIL M S, SOHAL A S, 2003. The use of third party logistics services: a malaysian perspective[J]. Technovation, 23(5): 401-408.

SOLAKIVI T, TÖYLI J, ENGBLOM J, et al. , 2011. Logistics outsourcing and company performance of smes: evidence from 223 firms operating in finland[J]. Strategic outsourcing: an international journal, 4(2): 131-151.

SONG Y-T, SU Q, LIU Q, et al., 2012. Impact of business relationship functions on relationship quality and buyer's performance[J]. Journal of business & industrial marketing, 27(4): 286-298.

STANK T P, GOLDSBY T J, VICKERY S K, et al., 2011. Logistics service performance: estimating its influence on market share[J]. Journal of business logistics, 24(1): 27-55.

STORBACKA K, STRANDVIK T, GRÖNROOS C, 1994. Managing customer relationships for profit: the dynamics of relationship quality[J]. International journal of service industry management, 5(5): 21-38.

SUH T, KWON I-W G, 2006. Matter over mind: when specific asset investment affects calculative trust in supply chain partnership[J]. Industrial marketing management, 35(2): 191-201.

TAN Y C, MAVONDO F, WORTHINGTON S, 2011. Organizational capabilities and relationship quality[J]. Asia Pacific journal of marketing and logistics, 23(2): 152-164.

ULAGA W, EGGERT A, 2006. Relationship value and relationship quality: broadening the nomological network of business-to-business relationships[J]. European journal of marketing, 40(3/4): 311-327.

UZZI B, 1996. The source and consequences of embeddedness for the economic performance of organizations: the network effect[J]. American sociological review, 61(4): 674-698.

UZZI B, 1997. Social structure and competition in interfirm networks: the paradox of embeddedness[J]. Administrative science quarterly, 42(1): 35-67.

VAN BRUGGEN G H, KACKER M, NIEUWLAAT C, 2005. The impact of channel function performance on buyer-seller relationships in marketing channels[J]. Industrial journal of research in marketing, 22(2): 141-158.

VERMA H V, 2003. Customer outrage and delight[J]. Journal of services research, 3(1): 119-133.

VESEL P, ZABKAR V, 2010. Relationship quality evaluation in retailers' relationships with consumers[J]. European journal of marketing, 44(9-10): 1334-1365.

WAGNER S M, BODE C, 2008. An empirical examination of supply chain performance along several dimensions of risk[J]. Journal of business logistics, 29(1): 307-325.

WALLENBURG C M, 2009. Innovation in logistics outsourcing relationships: proactive improvement by logistics service providers as a driver of customer loyalty[J]. Journal of supply chain management, 45(2): 75-93.

WALLENBURG C M, CAHILL D L, GOLDSBY T J, et al., 2010. Logistics outsourcing performance and loyalty behavior: comparisons between Germany and the United States[J]. International journal of physical distribution & logistics management, 40(7): 579-602.

WALLENBURG C M, CAHILL D L, KNEMEYER M A, et al. , 2011. Commitment and trust as drivers of loyalty in logistics outsourcing relationships: cultural differences between the United States and Germany[J]. Journal of business logistics, 32(1): 83-98.

WALLENBURG C M, KNEMEYER A M, GOLDSBY T J, et al., 2010. Developing a scale for proactive improvement within logistics outsourcing relationships[J]. International journal of logistics management, 21(1): 5-21.

WALTER A, MULLER T, HELFERT G, et al., 2003 Functions of industrial supplier relationships and their impact on relationship quality[J]. Industrial marketing management, 32(2): 159-169.

WATHNE K H, HEIDE J B, 2000. Opportunism in interfirm relationships: forms, outcomes, and solutions[J]. Journal of marketing, 64(4): 36-51.

WILDING R, JURIADO R, 2004. Customer perceptions on logistics outsourcing in the European consumer goods industry[J]. International journal of physical distribution & logistics management, 34(8): 628-644.

WILLIAMSON O E, 1975. Markets and hierarchies. analysis and antitrust implications, a study in the economics of internal organization[M]. New York: The Free Press.

WILLIAMSON O E, 1985. The economic institutions of capitalism [M]. New York: The Free Press.

WILSON D T, JANTRANIA S, 1996. Understanding the value of a relationship[J]. Asia-Australia marketing journal, 2(1): 55-66.

WILSON D T, VLOSKY R P, 1998. Interorganizational information system technology and buyer-seller relationships[J]. Journal of business & industrial marketing, 13(3): 215-234.

WONG A, SOHAL A, 2002. Customers' perspectives on service quality and relationship quality in retail encounters[J]. Managing service quality, 12(6): 424-433.

WOO K, ENNEW C T, 2004. Business-to-business relationship quality: an IMP interaction-based conceptualisation and measurement[J]. European journal of marketing, 38(9-10): 1252-1271.

WU I-L, CHUANG C-H, HSU C-H, 2014. Information sharing and collaborative behaviors in enabling supply chain performance: a social exchange perspective[J]. International journal of production economics, 148: 122-132.

WUYTS S, GEYSKENS I, 2005. The formation of buyer-supplier relationships: detailed contract drafting and close partner selection[J]. Journal of marketing, 69(4): 103-117.

YANG Y F, 2008. The roles of human resources, information technology, and marketing knowledge capabilities in performance: an extension of the resource-based theory perspective[J]. Behavior & personality: an international journal, 36(9): 1269-1282.

YILMAZ C, BULENT S, OZLEM O, 2005. Joint and interactive effects of trust and (inter) dependence on relational behaviors in long-term channel dyads[J]. Industrial marketing management, 34(3): 235-248.

ZAHEER A, MCEVILY B, PERRONE V, 1998. Does trust matter? Exploring the effects of interorganizational and interpersonal trust on performance[J]. Organization science, 9(2): 114-159.

ZAHEER A, VENKATRAMAN N, 1995. Relational governance as interorganizational strategy: an empirical test of the role of trust in economic exchange[J]. Strategic management journal, 16(5): 373-392.

ZAJAC E J, OLSEN C P, 1993. From transaction cost to transactional value analysis: implications for the study of interorganizational strategies[J]. Journal of management studies, 30(1): 131-145.

ZAND D, 1972. Trust and managerial problem solving[J]. Administrative science quarterly, 17(2): 229-239.

ZEITHAML V A, BERRY L L, PARASURAMAN A, 1996. The behavioral consequences of service quality[J]. Journal of marketing, 60(2): 31-46.

ZHAO X, XIE J, ZHANG W J, 2002. The impact of information sharing and ordering co-ordination on supply chain performance[J]. Supply chain management, 7(1): 24-40.

ZHUANG G J, XI Y M, TSANG A S L, 2010. Power, conflict and cooperations: the impact of guanxi in Chinese marketing channels[J]. Industrial marketing management, 39(1): 137-149.

附录1　访谈提纲

一、公司概况

1．贵公司的主营业务是什么？企业性质如何？

2．贵公司成立于何时？员工总数是多少？

3．贵公司近两年销售额情况如何？

4．贵公司从何时开始进行物流外包？主要外包哪些物流业务？

二、与主要物流服务提供商的合作情况

1．贵公司主要与哪几家物流服务提供商合作？通过哪些方式与这些企业开展合作？

2．贵公司与主要物流服务提供商的合作持续了多长时间？未来是否打算继续合作？

3．贵公司与物流服务提供商之间的信任程度如何？

4．贵公司对物流服务提供商的重视程度如何？

5．贵公司在与物流服务提供商合作过程中，双方是否进行了一些专用性投资？如果有，这些投资表现在哪些方面？

6．贵公司在与物流服务提供商合作中是否有过一些不愉快的经历，请举例说明。

7．物流服务提供商在提供服务过程中，是否积极主动地进行改进，并因此给贵公司带来一些惊喜，请举例说明。

8．贵公司在与物流服务提供商合作过程中，是否经常共同解决一些问题，请举例说明。

9．贵公司在与物流服务提供商合作时，彼此共享了哪些信息？

三、与物流服务提供商的合作对公司的影响情况

1．与物流服务提供商的合作给贵公司带来了哪些收益？

2．与物流服务提供商的合作是否令贵公司感到满意？

3．与物流服务提供商的合作效果是否大大好于预期？

附录2 调 研 问 卷

尊敬的女士/先生：

您好！

我们正在做一项关于我国制造企业与物流服务提供商的关系质量及其对制造企业物流外包绩效影响情况的调查。请您抽出 15～20 分钟时间帮助我们填答此问卷，您的参与对我们的研究至关重要，感谢您的支持与配合。

请根据您对贵公司某个主要物流服务提供商了解和感受的实际情况，对每个问题选择一个最能反映您观点的选项，并做出标记。我们关注的是您对问题的理解，而无任何对错之分，问卷调查结果仅用于学术研究。

本问卷不涉及您个人和所在公司的任何隐私，您提供的所有信息都将予以严格保密。

如果您对本课题感兴趣，我们可以将研究结果反馈给您，请在下面留下您的电子邮箱或电话，以方便我们与您联系。

第一部分：以下是关于您所在的公司与某主要物流服务提供商之间关系质量的描述，请根据您了解和感受的实际情况进行评价，并在相应的数字上打“√”，1 表示完全不符合，2 表示有点不符合，3 表示有时符合，4 表示基本符合，5 表示完全符合。

因素	项目	完全不符合—完全符合				
（一）	1．该物流服务提供商遵守其对我们做出的承诺	1	2	3	4	5
	2．该物流服务提供商对我们不总是诚实	1	2	3	4	5
	3．我们相信该物流服务提供商提供给我们的信息	1	2	3	4	5
	4．该物流服务提供商真诚地关注我们的业务成功	1	2	3	4	5
	5．在制定重要决策时，该物流服务提供商会同时考虑我们双方的福利	1	2	3	4	5
	6．我们相信该物流服务提供商会牢记我们的最佳利益	1	2	3	4	5
	7．该物流服务提供商是值得信任的	1	2	3	4	5
	8．我们发现有必要谨慎对待该物流服务提供商	1	2	3	4	5

续表

因素	项目	完全不符合—完全符合				
（二）	1. 我们致力于保持与该物流服务提供商的关系	1	2	3	4	5
	2. 我们试图无限期维持与该物流服务提供商的关系	1	2	3	4	5
	3. 与该物流服务提供商的关系值得我们尽最大努力去维持	1	2	3	4	5
	4. 我们愿意做任何事情以维持与该物流服务提供商的关系	1	2	3	4	5
	5. 我们很关心与该物流服务提供商之间关系的长期性	1	2	3	4	5
（三）	1. 我们依赖该物流服务提供商	1	2	3	4	5
	2. 我们相信该物流服务提供商对我们的成功至关重要	1	2	3	4	5
	3. 我们需要该物流服务提供商帮助完成我们的目标	1	2	3	4	5
（四）	1. 我们已经在资源方面进行重大投资，这些资源仅用于与该物流服务提供商的关系	1	2	3	4	5
	2. 我们为该物流服务提供商量身定制了业务流程以满足其需求	1	2	3	4	5
	3. 我们已经投入大量的时间和金钱用于培训该物流服务提供商并使其胜任	1	2	3	4	5
	4. 该物流服务提供商已经在资源方面进行了重大投资，这些资源仅用于与我们的关系	1	2	3	4	5
	5. 该物流服务提供商已经为我们量身定制了业务流程以满足我们的需求	1	2	3	4	5
	6. 该物流服务提供商投入大量的时间和金钱用于培训我们的人员	1	2	3	4	5
	7. 双方的合作关系需要该物流服务提供商所在地设置在我们附近	1	2	3	4	5
（五）	1. 该物流服务提供商为了保护自己的利益会对一些事情提供不真实的信息	1	2	3	4	5
	2. 该物流服务提供商对我们在某些事上做了承诺，但后来因为某种原因没有真正去做	1	2	3	4	5
	3. 该物流服务提供商可能会违背与我们的非正式协议以获得最大的利益	1	2	3	4	5
	4. 该物流服务提供商可能会钻合同的空子来增加自己的利益	1	2	3	4	5
	5. 该物流服务提供商会用意外事件迫使我们让步	1	2	3	4	5
（六）	1. 该物流服务提供商持续为业务活动的改进提出建议，即使这些活动在其直接契约责任之外	1	2	3	4	5
	2. 在不断变化的情况下，如果必要且对我们有利，该物流服务提供商会主动修改物流流程	1	2	3	4	5
	3. 该物流服务提供商不断为物流绩效的改善提出建议	1	2	3	4	5
	4. 该物流服务提供商不断追踪物流领域的改进和发展	1	2	3	4	5
	5. 该物流服务提供商显示出很高的创新水平	1	2	3	4	5

第二部分：以下是关于您所在的公司与某主要物流服务提供商之间关系行为的描述，请根据您了解和感受的实际情况进行评价，并在相应的数字上打“√”，1 表示完全不符合，2 表示有点不符合，3 表示有时符合，4 表示基本符合，5 表

示完全符合。

因素	项目	完全不符合—完全符合				
（一）	1．我们的经营方法或组织计划与该物流服务提供商非常相似	1	2	3	4	5
	2．在我们与该物流服务提供商的关系中，双方总是为实现共同的目标齐心协力	1	2	3	4	5
	3．当外包计划实施过程中，如果出现问题，我们会与该物流服务提供商共同决策以找到适当的解决办法	1	2	3	4	5
	4．在我们与该物流服务提供商的关系中，双方彼此充分尊重	1	2	3	4	5
（二）	1．我们与该物流服务提供商共享敏感信息[如财务、生产、设计、研发和（或）竞争信息]	1	2	3	4	5
	2．我们向该物流服务提供商提供任何可能对其有帮助的信息	1	2	3	4	5
	3．我们与该物流服务提供商之间的信息交换是经常性、非正式和（或）及时的	1	2	3	4	5
	4．我们随时相互通知可能对对方造成影响的事件或变化	1	2	3	4	5
	5．我们经常与该物流服务提供商进行面对面的计划或沟通	1	2	3	4	5

第三部分：以下是关于您所在的公司物流外包绩效的描述，请根据您了解和感受的实际情况进行评价，并在相应的数字上打“√”，1 表示完全不符合，2 表示有点不符合，3 表示有时符合，4 表示基本符合，5 表示完全符合。

因素	项目	完全不符合—完全符合				
（一）	1．该物流服务提供商完全实现了我们在外包协议签订前共同设置的目标与期望	1	2	3	4	5
	2．我们对该物流服务提供商感到非常满意	1	2	3	4	5
	3．我们与该物流服务提供商的关系非常好	1	2	3	4	5
	4．该物流服务提供商总是按我们需求的质量提供服务	1	2	3	4	5
（二）	1．我们在物流外包协议签订前共同设置的目标被明显超越	1	2	3	4	5
	2．我们对该物流服务提供商的服务质量感到超出预期的满意	1	2	3	4	5
	3．物流外包计划实际成本与整体服务绩效之间的关系大大好于预期	1	2	3	4	5

第四部分：以下为您个人和所在公司的基本信息。注意：您所填写的信息是严格保密的，没有任何信息将涉及您和您的公司！

1．贵公司的企业性质属于（　　）。

A．国有　　B．外商独资　　C．民营

D．合资或合作　　E．其他（请注明）____________

2．贵公司所在行业属于（　　）。

A．食品制造业

B．纺织服装制造业

C．木材加工和家具制造业

D．石油加工业

E．医药制造业
F．汽车制造业
G．化学原料及化学制品制造业
H．电器机械和器材制造业
I．金属和非金属矿物制品业
J．其他制造业（请注明）____________

3．贵公司成立的年数为（　　）。
A．不到 5 年　　B．6～10 年　　C．11～15 年
D．16～20 年　　E．21 年或以上

4．贵公司现有员工总数为（　　）。
A．少于 20 人　　B．20～299 人
C．300～999 人　　D．1000 人及以上

5．贵公司与该物流服务提供商开展合作的年份为__________年。

6．贵公司所在地域为__________省__________市。

7．您在贵公司任职于（　　）。
A．高层管理　　B．中层管理
C．基层管理　　D．一线员工

8．您在贵公司的服务年限为（　　）。
A．少于 1 年　　B．1～3 年
C．4～10 年　　D．11 年及以上

问卷到此结束，再次感谢您的合作与支持！
祝您万事如意！祝贵公司基业长青！